シェイクスピア喜劇の演出の時間

ロイ・ウィルキンソン
飯野一彦訳

シュタイナー学校の英語の時間

水声社

目次

序 ··· 9

授業を始める前に ··· 11

実際の指導 ·· 25

第 1 学年　6 ／ 7 歳 ·· 40

第 2 学年　7 ／ 8 歳 ·· 61

第 3 学年　8 ／ 9 歳 ·· 64

第 4 学年　9 ／ 10 歳 ·· 72

第 5 学年　10 ／ 11 歳 ·· 81

第 6 学年　11 ／ 12 歳 ·· 85

第 7 学年　12 ／ 13 歳 ·· 95

第 8 学年　13 ／ 14 歳 ·· 98

第 9 学年　14 ／ 15 歳 ·· 102

第 10 学年　15 ／ 16 歳 ······································ 107

第 11 学年　16 ／ 17 歳 ······································ 121

第 12 学年　17 ／ 18 歳 ······································ 123

6歳児から14歳児のための推薦図書 ……………………………………… 125

参考文献 ………………………………………………………………… 145

訳注 ……………………………………………………………………… 147

解説 ……………………………………………………………………… 153

訳者あとがき …………………………………………………………… 179

序

　英語に限らず，語学教育を行う際には，それが「言語の教育である」という一段と高い視点から捉える必要があります。本書の目的は，教室ですぐに役に立つ，実践的なヒントを与えることです。しかし，教師はこれらのヒントを表面的に真似するのではなく，自分の持っているあらゆる知的経験を最大限に活用して授業を行うことが重要です。特にシュタイナー学校では，自分の仕事を真剣に全うしようとする教師は，自らの言葉で，自分自身の内に本質的なものを築き上げようとします。言語教育はさまざまな側面を持った幅の広い教育ですが，英語教育もその枠の中にあるという認識が必要です。

　言語というものが，日常あまりにも当たり前のものになってしまっているので，私たちは言語についてあまり深く考えようとしません。しかし，私たちが当然だと思いこんでいる世界の多くの事柄に対してもそうですが，ちょっと考えただけでも言語の神秘性に触れることができます。言語は，ある時，ある場所で起源

を持っていたに違いありません。そして，様々な発達段階を経て，今日のような話し言葉から書物に至るまでの多様な面を見せるようになりました。言語はコミュニケーションや知識の伝達の手段であり，芸術的な表現の媒体でもあります。私たちはそうしたことを前提にした上で，なお，なぜこれほど多くの言語が存在するのか，文法はどこに位置づけたらよいのか，そもそもなぜ言語を教える必要があるのか，といった問題を考える必要があります。

　本書では，まず言語の持ついくぶん哲学的な面を扱うことから始めます。（この中にはおそらく大学で深く研究するのに適した話題もあるかもしれません。）次に，一般的な言語の本質についての説明をし，そのあとに各学年における独特な英語教授法を示します。巻末の文学リストは重複するものがあることを断っておきます。また，英語の授業で特別に使用されている外国文学についても言及します。しかし外国文学とは言え，よくよく考えてみれば，グリム童話や北欧伝説は私たちに脈々と受け継がれている文化遺産の一部であり，聖書のような作品は普遍性を持つものです。

　実践例を見ていく中で，そこで使われている教授法がまさに光り輝く絶対的なもののように感じられるかもしれません。しかし，本書はあくまでも手引書であることを申し上げておきます。本書によって，一人ひとりの教師が知識を獲得し，自ら新しいアイデアを生み出してくれることを期待しています。

授業を始めるまえに

言葉の起源について

（教育はルドルフ・シュタイナーの業績の中のほんの一部です。シュタイナーには他にたくさんの業績がありますが，本章はシュタイナーが教育以外の分野で行った研究をもとにしたものです。）

『ヨハネの福音書』は次のきわめて重要な言葉で始まっています。「初めに言葉があった。言葉は神とともにあった。言葉は神であった」。ここで「言葉（word）」について述べていますが，これは明らかに私たちが現在使っている「言葉」とはどこか違っていることに気づかなければなりません。初めにあった「言葉」とは，いったい何だったのでしょうか。

新約聖書において，もともとのギリシャ語で「言葉」にあたる語は「ロゴス（Logos）」です。ロゴスは英語では「言葉」以外に「理由（reason）」や「知識（knowledge）」と訳されます。ロゴスは「論理学（logic）」，「地質学（geology）」，「人類学（anthropology）」などの語に使われています。

ならば，「初めに理由，物事の原因，あるいは根拠があっ

た」です。では，どのようにしたら「言葉」をこれらの語と同じものと考えることができるのでしょうか。これは容易には答えられない問題です。しかし難しいからといって，その問題解決をためらってはいけません。

　聖書の『創世記』には，「初めに神は天と地を創造された」という一節があります。ここで「神（God）」と訳された語は，ヘブライ語では「エロヒム（Elohim）」です。専門家によれば，この語は複数形です。したがって，正確に訳すならば「神々（Gods）」とすべきところです。これらのエロヒム，つまり神々は，高次に位置づけられる霊的な存在なのです。聖書の別の一節では，ルドルフ・シュタイナーが指摘しているように，地球と人間の進化に役割を演じた別の天使たちがいることがわかります。この聖なる存在から，ある種の音楽のような言葉が流れ出て，天地が創造されたのです。これは普通の人間の耳では知覚できない霊的な性質を持つものだったのです。その天使たちは一人ひとりが独自の音楽を奏でました。そしてこれらの調べが，最終的には結晶して物質となり，目に見える形となったのです。なんらかの形成力を持った生命力が海洋生物を生み出し，それが最終的に岩になる過程を類推してもよいかもしれません。

　　生命力（霊的なもの）→ カルシウムの貝殻 → 石灰岩あるいは白亜

生命力を持って流れ出た音が世界と人間を形成したのです。

ギリシャ神話のオルフェウスの話の中に音楽の言葉の持つ形成力の名残りがあります。また，人間の発話の中にも聖なる活動のかすかな響きがあります。私たちが話す際の媒体，つまり空気について考えると，私たちにも物を形成する能力があることに気づきます。例えば，Fの音はBの音とは非常に異なった響きを生み出します。

また聖書はこうも語っています。「神は**語り**，人間に生ける魂を**吹き込んだ**」。このように神から発せられたものが物質世界のみならず人間と一体になるのです。人間は創造力を持つ言葉によって造られたのです。

詩人ドライデン[1]は "The Song for St.Cecilla's Day"（「聖セシリアの日の歌」）を詠んだ時，このことに思いを巡らせていました。

　調和から，天来の調和から
　この宇宙の枠組みはできた
　調和から調和へ
　音色はあらゆる音域を流れ
　ついに人間とひとつに結ばれる

授業を始める前に　15

人間は言葉を認識して使うことができます。なぜなら，目が光を知覚するように，言語は人間の身体の中にすでに組み込まれているからです。音を作り出したり，口調や話をする際の癖は個人的なものですが，音そのものは創造の本質を映し出しているのです。

　人間と言葉と物体とのつながりを示唆する古い例が「エデンの園」の話に見つかります。アダムは物に名前をつける役割を与えられました。アダムは音の持っている創造力を物体の中に感じ取ることができたのです。そしてこれらの音を自らの発する言葉の中に込めて言うのでした。「それをその物の名にしよう」。ここに音と物体がひとつになるのです。

　（話す能力は模倣することで発達するとしばしば言われますが，必ずしもそうではないことを赤ん坊が教えてくれます。確かに模倣される言葉もありますが，それと同じくらい明らかに，子供自身が作り出したに違いない言葉もあります。子供は自分を表現するために独自の言葉を作り出します。子供は単に喜びのために，あるいは音を出すことそのものを面白がって，いろいろな音をつなぎ合わせてみたりします。人間は自分自身の内に言葉を生み出す，生まれ持った能力があることは明らかです。）

　人の姿になる前に，人間は霊的な形で存在していました。肉体の形をとる過程はゆるやかで，発話能力はその過程で発達してきました。固まりつつある肉体エネルギーから，人は外界と

16

関わった経験の表現として子音を形成し始めました。音楽と発話は人間への成長過程において分かれましたが，音楽的な要素は発話の中にも残っています。これは人間が内的感情を表現する母音にあります。

　ある単語はもともと物体の内的本質が現れ出たものでした。したがって人間は話す時に外界と密接に結びついていたのです。しかし進化の過程で，人間は自我と結びついた存在に発展してゆき，自然界から分離独立してしまったのです。そのため人間はある言葉が発せられた時に，もはやその言葉の中に物の存在を感じることができず，単なる名前として受け入れることしかできなくなってしまったのです。人間は聞き手に回った時，音が通過する時以外は音を聞くことができず，心はすぐに意味に向かってしまいます。言語が単なるコミュニケーションの手段になってしまったのです。ただし，詩においてはまだ霊的な存在の響きが残っています。詩では内容もさることながら，より音に重要性があるからです。

　肉体的な存在へさらに降下したことが，様々な言語を生み出す原因ともなりました。「音」の要素は共通ですが，私たちはそれを解釈する能力を失ってしまいました。バベルの塔や言語の混乱の話は，世界の進化の過程で，地と人間の魂が固まったある段階を示すものです。ある言語の単語は，別の言語の単語に言い換えることができます。しかし，その単語に込められ

授業を始める前に　17

た概念はまったく異なっています。英語の "tree"，ドイツ語の "Baum"，フランス語の "arbre" はすべて「木」を指していますが，それぞれの音は「木」が持っているさまざまな側面を表現しているのかもしれません。

言語の諸相

話す能力を持っているのは人間だけです。このことが人間を他の動物より高い位置に押し上げています。動物は欲求のままに鳴きはしますが，人間だけが思想を形成し，それを表現できるのです。また，それが限られた数の音の枠組みの中でなされることも驚きです。しかしその限られた枠組みにもかかわらず，人間は際限なく思想を伝達する能力も持っています。人間は言葉を選択します。興味を引くように，あるいはつまらなそうに，また時には軽快に，そしてまた時にはたどたどしく，というふうにいろいろな口調で話すことができます。感動が大きければ，散文であっても詩的な表現になるかもしれません。あるいは詩そのものになるかもしれません。

書くという行為も興味深い歴史的過程を経た技能であり，人間の進化を考える上で新たな視点を与えてくれます。教師はこの問題を少し考えてみるとよいでしょう。絵から始まり，記号，

原稿，書簡へと至るつながりを考察してみましょう。「書く」という機械的な作業は限られた数の文字をいろいろに組み合わせることです。英語にはアルファベット 26 文字しかありませんが，世界のありとあらゆる知識体系をその枠内で表現できるのです。

　書くことの目的は，もちろん機械による印刷も含めてですが，伝達にあります。したがって，書くということは将来的に読まれるものを生み出すということです。原稿や書物は世界の知識を容易に手にすることを可能にします。知識が広範囲に広まったのは印刷術が発明された 1440 年以降のことであり，一般の人々が読む能力を身につけたのはわずか 100 年あまり前に過ぎません。この事実は歴史的に，あるいは社会的にみると興味深いことであり，意外だと思う人もいることでしょう。また "read（読む）" と "riddle（謎を解く）" という語が互いに関係しているということも意味のあることでしょう。

　近年，あまり文法に注意を払わない傾向があります。これは訓練することとは別の次元である「教育」というものに対する理解が欠如していることを示すものです。文法を教えることで，無意識であったものが意識的なものへと導かれます。すなわち自我の発達と関係しているのです。わかりやすく言うと，文法を学ぶことによって子供は目覚めるのです。子供は自分たちが

授業を始める前に　19

話す言葉の隠れた面に気づくようになるのです。

「意識へと導く」と言う時，これを知的に理解させることと同等に捉えてはいけません。すべての物には名前があり，名詞とはそれらを指す言葉であり，私たちとは別のものが存在するのだということを説明しただけで十分です。これだけでも客観性を示したことになります。動詞は動きを伴います。私たちはあることを行う際に，反対の行動をされると我慢がなりません。そこで私たちは動詞を通して関わりあうのです。草が緑色であることに異を唱えなる人は少ないでしょう。よって，形容詞にはある種の統一的な要素があることがわかります。こうした抽象的な事柄は低学年では説明する必要はありません。ほんのちょっと触れるだけでよいでしょう。ただし当然，高学年では学習対象になります。

　言語そのもの，そして話す能力と同じように，文法は人間の身体組織の一部です。文法の段階的習得は人間の発達と成り立ちを映し出しています。例えば，三つの主要な品詞である名詞，動詞，形容詞について考えてみると，これらには人間の精神の三つの特質である思考，意思，感覚が現れていることがわかります。統語（syntax），格（case），そして前置詞の用法は，人間精神がいかに作用するかを示すものです。比喩表現や多くの単語の中にある想像的なイメージは，今ではすっかり概念的になってしまっていますが，人間のこれまでの発達過程を内包し

ています。

　したがってシュタイナー学校では，文法を教える際に人間の内なる力を利用して教えています。よくあるように外からの力で何かを押し付けることはしません。一番大切なことは，いかに教えるかなのです。

　他の教科と同様に，教師はなぜ言葉を教えているのかを考えなければなりません。単にカリキュラムにあるからとか，昔からやっているから，という理由だけで教えるべきではありません。

　言語がコミュニケーションの手段であることは認識されていますが，世界の現状を見ると，時に混乱していて，非コミュニケーションの手段として使われているように見えます。これは道徳的な問題であり，教育や人類の未来に大きな負担をかけるものです。したがって，言われたことや書かれたことが本当にその通りの意味なのかどうかを見分けるために，言語と真剣に向き合うことが重要です。真実ではないことが，はからずも表現の不適切さのために広がってしまう可能性があります。ですから明確に話す訓練が一層必要になるのです。そのためには明晰な思考が要求されます。

　当然のことですが，自国の文学知識は教育に絶対欠かせない分野です。話し方はその人の人間性や人格を表します。それは非常に個人的なことではありますが，人がある言語を話すとい

授業を始める前に　21

うことは，その人が特定の集団や特定の世界観と密接に結びついているということです。母国語と自国の文学を学ぶことは，自分自身，自分の成長，そして自分の置かれている世界を理解するのに役立つのです。さらに私たちは世界市民であるかぎり，世界文学の知識を多少なりとも持ち合わせていなければ完全とは言えません。また一般教養に関して言えば，記録に残されている事実からよりも，おそらく伝説や文学からの方が多くのことが学べるということも興味深いことです。

　言語は芸術としても，他の芸術と同様の目的を持っています。目に見える芸術はそれを見る人がいることによって，その目的がより高く評価されます。詩はそれを聞く人がいてはじめて，その目的がより理解され，評価されるのです。つまり言語の持つ音そのものが心の中に満足感を与えるからです。

　こうしたことは全て重要なのですが，これまでのところでお気づきだと思いますが，言語の学習にはより深い部分がまだあるのです。つまり，言語は聖なるものが形となって現れたものであるということです。そして，最終的に言語を学ぶということは，神と人間との関わりを理解することにつながるということです。そうした意味において，言語の研究は宗教的な研究とも言えるのです。

子供の成長

　ルドルフ・シュタイナー学校での教材とその使い方は，子供の年齢的な成長と密接な関係があります。ここで子供の成長について簡単に説明しておきましょう。詳しくは本書の最後に挙げた参考文献を参照してください。

　シュタイナー学校では，乳歯が永久歯に生え替わる年齢の6歳になるまで，決まった型の教育は行われません。そして6歳から14歳まで子供たちはクラス担任によって主要科目を教わります。英語はその中の一科目です。クラス担任は8年間にわたって午前中2時間，エポック授業[2]を受け持つ仕組みになっています。担任はひとつの科目を数週間単位で扱い，子供たちはそれぞれの科目ごとに芸術的なノートを作ることになります。英語も他の教科同様，各学期ごとに3,4週間，14歳まで学習されますが，知識と習熟度が増すにつれて費やされる時間は少なくなります。規則的な練習やある程度の訓練は必要で避けられないことですが，それが必ずしも負担になるわけではありません。要は，指示の与え方次第なのです。

　すべての教科に言えることですが，単なる知識の切り売りではなく，教育的配慮が最も重要です。したがって教師はいつも次のように自問していなければなりません。「子供のこの特別

授業を始める前に　23

な能力をさらに伸ばすために，私は何をすべきだろうか」。あるいはこのような問いもあるかもしれません。「子供の成長に合わせるためには，教える内容とその提示方法をどのように調和させたらいいだろうか」。こうした問いへの答は成長期の子供を観察すればおのずと見つかるのです。

　6歳から14歳までの子供たちへの取り組み方は芸術的でなければなりません。そのためには教師はある指示を出す場合，絵のようなイメージの中にその指示を包んでやるのです。そうすることが間違いなく子供の想像力や感情に訴えかけることにつながります。知力が発達してくる14歳以降になってからは，大人に近い方法で物事に取り組ませることができます。

　取り組み方が芸術的でなければならないということは，取り組み方が生き生きとして，想像力に富み，頭よりもむしろ心に訴えかけるようでなければならないということです。しかし子供には発達段階というものがあります。7歳時，子供はどことなく夢の世界にいます。9歳時，子供は自分とは異なった外の世界をより意識するようになります。12歳になると，より現実に向かうようになると同時に，知的能力が発達してきます。そして14歳にして，他に依存しない知覚能力や判断能力を伴うようになり，身体的にも成熟するのです。授業はこうした段階を追い，成長する力に合わせ，その発達を促進するようにデザインされなければならないのです。

舞踏の時間

指導方法 —— 概観

　これまでは教師が自らの理解を深めるために当然考えなければならないことについて述べてきました。ここから実際の指導法について述べたいと思います。はじめに全学年に共通することを述べ，続いて学年ごとの指導法について述べます。

　当然のことですが，教育や学習というものに終わりはありません。人はある段階に到達すると，次の段階に進んでゆきます。母国語に関していうと，それはあらゆる指示を伝える手段なので，連続した学習過程であると言えます。年間を通して継続的に扱わなければならない事柄もあれば，期間を区切って教えればよいものもあります。ただし一度説明すれば十分というものはほとんどありません。ある段階で一度説明した事柄でも，再度，できればさらに工夫を凝らして，詳しく説明する必要があります。継続した学習が大切です。

話す

　教師は明瞭かつ正確に話すことが必要です。明瞭さと正確さに加えて，話す内容そのものが芸術的に構成されなければなりません。ある事柄を言うのにはたくさんの言い方がありますが，英語は特に語彙が豊富です。英語にはおよそ 60 万もの単語があるので，誰も言葉を選び出すのに苦労はしないでしょう。上手く話すためには，想像力に富んだ心と単語の中に絵画的なイメージを想起する能力が必要です。こうしたことが教師の自己研修と授業準備の一部であるのはもちろんのことです。

　私自身の子供の頃を振り返ると，そこにはいつもポケットに手を突っ込んで，のらりくらりと授業をして私たちを眠気に誘っておきながら，生徒が眠れば眠ったで叱る教師の恐ろしい姿があります。すべての教師が表情豊かな芸術家ではありえませんが，少なくとも話すという行為をより意識的なものにし，スピーチ・フォーメーション (3) を練習することによって効果的な方法を探ることはできるのです。発声に注意しながら朗誦するのはよい練習になります。また歩きながら，あるいは音節に合わせて一歩ずつ歩を進めながら話す練習もあります。教師がちょっとした感情や熱意を教室での会話に持ち込めば，ひょっとすると生徒たちは眠くなるどころか，より一層興味を示すか

28

もしれません。

　教師は音そのものが持つ深い特質を意識することも必要です。（これについては，オイリュトミー⁽⁴⁾を練習する機会があれば，有益なものとなるでしょう。）例えば，Lには外へ広がってゆく性質があり，Bには包み込む性質があります。Fは流れ出す動きがあり，Kは硬質な感じを持っています。Sにはある不思議な力があります。この特質とは別に，音には純粋に物理的な違いもあり，それがそれぞれの音に固有の特徴を与えています。例えば，D，T，B，P，G，Kのような破裂音は，SやFのような破擦音とはかなり異なっていますし，このSやFは，RやLのような動きを与える音とも全く異なった特徴を持っています。

　また口の中のどこで音が作られるかということを意識させる，純粋に技術的な問題もあります。例えば，FやVの音は上歯と下唇の間で作られます。SやZは上下の歯，BやPは上下の唇，GやKは喉の奥，そしてL，N，D，T，Rは舌が上歯の裏側にきます。

　これらは教師が発音する際に役立つと思います。低学年の子供たちに教えるべき事柄ではありませんが，子供たちが適切な年齢になったときには教えるべきです。

　学校において，子供が自らの力で発見することにつながる重

実際の指導　　29

要な事柄について，教師があまり語ってやらない傾向があります。こうして教育上，かなり効果がある指導が無残にも無視されることになります。

　教師からの直接的な語りかけは他に代えがたいものです。子供が幼いうちは，物語を芸術的な体験となるように語ってやることです。すると後に，子供は経験を積んだ人から世の中についてのことを学び取れるようになり，そのことが自らの喜びとなります。しかしながら，「聞こえる」は「聞いている」ではなく，またそのどちらもが「理解する」こととは別の次元のことだということを教師は認識しておくべきです。ですから教師は言葉の芸術家にならなければなりません。そして子供たちが興味を失わないように，言いたいことを適切な言葉で飾る必要があります。物語を直接聞かせてやることは読書よりも大きな影響を与えます。ある意味で，書かれた言葉は化石です。書くという行為や印刷は一種の影のような存在です。心と心を直接に結ぶコミュニケーションがそこには不在なのです。語りかけたり，物語を自らの言葉で語り直すには，教師は題材を完全に消化し，理解していなければなりません。さらに物語を創作したり，語り直しをしたりする際には積極的でなければなりません。語られる題材は教師の個性によって独特な味付けをされることになります。物語と教師の関わり合いが重要なのです。

　もちろん，徐々に子供は読むことを学ばなければなりません。

そして理解しながら読むことも学ばなければなりません。しかしその導入や進度は急がず，子供の成長に伴う適切な段階で学ばせるようにしなければなりません。何人かの教育学者が提唱している早期の読みの指導には何のメリットもありません。

すでに述べましたように，書くという行為にも同じことが言えるのですが，話すという行為には道徳的な面が含まれています。話す時には，子供たちは正確に発音し，かつ明瞭に話すことが大切です。また適切な文で，はっきりと自己表現ができるようになることが重要です。これは誠実さの問題です。

まずもって，話すことは聞くことから始まります。ですから教師はきちんと話さなければいけません。子供たちが自ら授業のまとめをしたり，何らかの形で授業に貢献したり，ある話を自ら話し直したりすることによって，正しい話し方を練習することができれば，書くという次なる戦いは少なくとも半分は勝利したようなものです。この指導に関してはクラス人数が多い場合は，ある程度難しい面があることを認めねばなりません。しかし工夫次第で，かなり容易に，かつ頻繁に話す機会を作ることはできます。そしてその効果は多大なるものがあります。私たちは暗唱や詩の朗読を行います。詩の朗読は学校生活全般を通じて行えます。詩を朗読することで一日の始まりが素晴らしいものになります。また一人ひとりが練習をしておいて，皆で声をそろえて言ってみるのもよいでしょう。詩の朗読は発声

や発音を指導するチャンスでもあるし，呼吸を整え，健康をもたらす効果もあります。また詩の朗読は授業に対人的な要素をもたらします。子供は全体ではできることが個人レベルではなかなかできないことがあります。しかしそれは驚くことではありません。子供を励ますことが大切です。

書く

　悪筆のために読みづらい手紙や書信を受け取るのは迷惑でいやな気分にさせられるものです。判読不可能な署名などは，ことによると高慢か無知の表れかもしれません。いずれにしても，読めるものをしたためることが道理や礼儀をわきまえたものと言えるでしょう。したがって教師が書き方の指導をする際には，表現の明瞭さとともに，読みやすさとほんのちょっとした美しさといったものを子供たちに教えるべきです。

文法

　はるか昔から文法教育には犯罪的とも言える行為が行われてきました。文法教育は特に他とは何の関連もないかのように思われる，興味の湧かない，通り一遍の方法で行われてきました。興味を起こさせない教授法は子供の成長過程に悪影響を及ぼし，

その結果健康を害することさえあると心得るべきです。今日の文法教育への嫌悪感はこれまで行われてきた方法の結果かもしれません。それは必ずしも，文法そのものへの嫌悪ではありません。今日，振り子はかなり極端に振れて，学校によっては文法が全く無視されるか，重要ではないと考えられています。

　しかし，文法は世の中の他のすべてのことと同じように，存在意義があるのです。文法を教えるためには専門的な事項に加えて，文法とはそもそも何なのか，なぜ教えなければいけないのかという認識を持つことが欠かせません。適切な教え方がなされれば，決してつまらないものではないのです。

　第一に，教師は文法を研究し，文法に興味を持たなければなりません。おそらく子供たちは，文法という言語の持つ特殊な一面を学習することはあまり面白くないと思うことでしょう。しかし子供たちは，教師との関係がしっかりしていれば，教師を慕って勉強するようになります。そして必ずや，教師の情熱あるいは他の要因でやる気を起こすことでしょう。

　9歳から始まる実際の文法の授業において，その導入は芸術的な観点からなされなければなりません。まず初めに教師が文を一つ作ってみるか，生徒に作ってもらう。次に教師が動作を表す部分，名前の部分，そして描写的な部分があれば，それらを指摘してやります。こうすることで品詞の説明に導けるし，最終的には専門用語にもつながっていくでしょう。ラテン語を

実際の指導　33

起源に持つ文法用語は子供たちには最初は何の意味もないでしょうから，それらはその品詞の意味と用法といっしょに教えるとよいでしょう。

　統語に関しても同様のアプローチ方法が取られます。もっともこれは子供が対応できるようになる 12 歳以降のことです。

　まず教師がある文を抑揚なしに平坦に言ってみる。次に今度はその文を疑問文にして繰り返して言ってみる。当然のことながら，その口調にはクラスの誰もが気づく違いが出てきます。また次に従属節の含まれる文を言ってみる。その際に，従属節の部分を速く言ってみたり，あるいは異なる調子で言ってみたりする。こうすることで指導も生き生きしてきます。

　句読法もまた，記号の知識を持たなくとも，話すという活動を通じて初期の段階から教えられるものです。ひとつには文を音楽的に体験させる方法があります。また句読を「演じて」もらうこともできます。子供に文を体を使って表現させることもありますが，そうすることで必ずしも専門用語などは使われなくとも，重要な句読に関する事柄が意識にもたらされます。

　ある段階において，句読法とはどういうもので，何のために必要なのかを説明する必要があります。「句読 (punctuation)」とは，初期の英語では「点を打つ (pointing)」という意味で，その目的は読者の手助けをすることでした。（"punctuation" とは，もともとはヘブライ語の文書において，母音を示すために

34

つけられた印のことを指します。）1700 年頃を境に言葉の意味が変わってきましたが，その頃から句読法は統語に関係するようになったのです。

時制の名称はちょっと難しいかもしれません。現在，過去，未来などは容易に理解できるかもしれませんが，ラテン語から派生した名称になる，ときちんと説明してあげないと混乱してしまうでしょう。難しい名称を使うことは必ずしも必要ないかもしれませんが，はっきりと区別する方法を知ることはその後の学習に役立ちます。

動詞の活用（conjugation）とよく言いますが，動詞の活用とはどういうものでしょうか。ラテン語に起源をたどると，ひとつの理解が得られます。"conjugate" には「結合する」という意味があります。動詞の活用という場合は，実際にはすべての語形変化を指します。動詞は時を表すことができる他に，ある動作や状態に対する話者の心的態度も表すことができます。これが「法（mood）」と呼ばれるものです。また，主語は動作主にも，行為の受け手にもなります。これが能動態であり，受動態です。こうした事項は，子供がそれを理解しようという姿勢を見せたときに，文法の授業で適切に説明してやらなければなりません。

一般的に文法や統語構造は，規則を説明するために分かりやすい文で学習されるべきです。規則は必ず例文から導いて，暗

記させるべきです。そうすることで子供は自分自身の例文を作ることができるようになります。ただし，一度教えればそれで理解ができると思ったら大間違いです。繰り返しの練習と不断の努力が大切です。第8学年までに一応の文法の枠組みが扱われ，ほぼ理解されるでしょう。そして第9学年には復習の時間を組み込んでもよいでしょう。

これ以上の詳しい説明は，それぞれの学年の章で扱います。

作文

シュタイナー学校の授業が年齢に合わせて行われていることはすでに述べてきましたが，この原則は作文の指導においても当てはまります。

幼年期の子供は抽象的な概念をつかむことができないのはもちろんのこと，自分の考えを論理的に構築することができません。優れた作文を12歳前に期待してはいけません。

第1学年の作文は，聞いた物語をもう一度自由に書いてみる作業です。ここでは主題そのものがたいへん重要な意味を持ちます。その他の重要な点としては，実生活から得た経験，観察，記述というものを作文の中心に置くということです。作文にはスピーチと同様に，考慮すべき非常に大切な社会道徳的な面があります。それは真実を語るということです。正確な記述をす

36

るためには，正確な観察眼ともいうべきものが必要です。他者の言いたいことを間違いなく伝えるということは，これまた社会に人として生きていくうえでの問題でもあります。そのためには訓練すべき事柄があります。子供が成長するのに伴い，例えば報告書を書いたり，情報を提供したりする作業に関わるのは，この点から特に価値のあることなのです。

ただし10歳になるまでは，このような作文指導は行うべきではありません。10歳を過ぎた頃から，正しい指導を行えば，14歳までには生徒はかなり良い作文を仕上げることができるようになるはずです。

子供の成長に伴った授業展開は以下の通りです。

学年	子供の精神状態	作文指導
1・2	夢の中にいる状態	語り，物語の再生
3	自意識の発達に伴う社会への関心	現実の生活や自然の記述
4・5	時間的要素への意識と他者との関係へのより強い意識	手紙，商用通信
6	物理的世界と自立へのさらに強い意識	客観的な記述，事実に基づく正確な記述
7・8	思春期の問題による困惑	独創的な作文，物事の評価

すべての段階において，テーマは通常の学校生活の中から選びます。

ここでそれぞれの年齢に対する作文指導として示されたものは，その年齢の子供の発達に合致したものです。ただし，これが絶対的なものであると思われては困ります。また，一度習っ

実際の指導　37

たことを継続して学ぶことも当然あります。

　大きなクラスを受け持つ教師にとっては添削という問題が常にあります。間違いを指摘する必要はありますが，これを一人ひとりに行うのはかなりの時間を要します。そこで，ある指導テーマが決められている場合は，教師は最も代表的な間違いを取り上げて，一般的な注意を行えばよいでしょう。また作文に習熟するまでは，教師は一度にひとつのことだけを指摘する方法がよいでしょう。つまり，ある作文ではスペリング，次の作文では句読法，その次は文法，というふうにです。もちろん子供たちは自分自身の作文をよく読み返して，間違いのない作文を仕上げなければいけません。これは生徒にとっての訓練であり，作文がきちんと書かれたかを見とどけなければならない教師にとっての訓練でもあるのです。

読み物

　純粋に教育学的見地から，子供の年齢にふさわしい物語や学習というものがあります。年齢にふさわしい読み物教材は英語の授業にとどまらず，一年を通して他の教科でも使用してかまいません。読み物は授業に芸術性を持たすものとして使用されますが，高学年の授業では生徒にとっては有益な知識の基となります。この読み物の選択の問題は一般的には英語という教科

38

の名の下で行われる事柄なので，ここで簡単に触れておきたいと思います。

　子供が成長するにつれて，意識は非現実的な夢の状態から，物理的世界への覚醒へと移行していきますので，この発達を映し出す一連の読み物を子供たちに与えるとよいでしょう。読み物は，幼年期のおとぎ話から高学年の事実に基づく歴史物語まで広がります。

　子供自らが読むものに関しても，同様のパターンを薦めたいと思います。年齢にふさわしい読み物に関しての指導例は学年ごとの章に載せてあります。

　詩や劇に関しては，すでに「話す」のところで触れました。学校生活全般を通して，子供たちは詩や劇に慣れ親しむ必要がありますが，教科としては高学年になってからとなります。このことに関しては，しかるべき所で扱いたいと思います。子供たちが素晴らしい詩を聞いたとして，仮にその意味が分からなかったとしても，何の心配もありません。子供たちは後になって言語の素晴らしさを必ずや認識するからです。

第1学年 6／7歳

声を出す

　前節で話すことの重要性に注意を向けましたが，第1学年の最初の時期においては，主に人前で話すことや声を出すことそのものを強調すべきです。話すという行為は人類が有史以前から行ってきたことであるのに対し，書いたり読んだりすることは比較的最近の「発明」であることを思い起こせば，発話の重要性が納得できると思います。

　教師にとっても生徒にとっても，発話は最も重要なことです。教師ははっきりと明確に，さらに論理的に話すべきです。そしてこの年齢の子供たちには，特に劇的な効果を盛り込まずに，物語を語り，詩を朗読し，行事のことや日常の出来事について語るべきです。子供たちは詩を聞き，それを反復することで覚えてゆきます。子供は一人で，あるいはグループで暗唱した詩を他の生徒の前で発表します。

　教師が語った物語を子供たちが語る，つまり自分自身の言葉を使って物語を語り直す時，文法や文の構造や発音の間違いがあれば，おだやかに直してあげます。その際には，子供たちが

動揺したり，傷つけられたと感じないように，優しく訂正して
あげなければいけません。

　ちょっとしたユーモアが指導に味を持たせることもあります。
幸い，子供たちの方からしばしばユーモアを提供してくれるこ
とがあります。
「きっとピアノの中にはカスタネットが入っているんだわ」
「ビールマンさんって，ビールを持ってくる人のことでしょ」
「画鋲の上に座ってごらん。すぐに飛び上がって叫び声をあげ
ちゃうから」

　合唱をつけて劇を演じてもよいでしょう。脚本や物語をパン
トマイムで演じることを試みるのもよいかもしれません。
　教師は物語を読むのではなく，**語る**のだということを強調し
ておきたいと思います。新人教師は途中で挫折してしまうので
はないかと多少の不安を感じるかもしれないし，あるいは生徒
の前に言わば「丸裸」で立つことに神経質になるかもしれませ
ん。しかしちょっとした訓練や経験で，こうした困難は乗り越
えられるものです。物語に加えて，教師は自らの経験や考え方
を話してもよいと思います。
　この年齢で物語を語ることは，それ自体がひとつの大きな課
題となります。どんなやり方にせよ，教訓を与えようとか，説
明や解説を加えようとしてはいけません。物語はそれ自体がひ

実際の指導　41

とつの芸術作品として存在しているわけですから，芸術作品そのものとしての効果をもたらすようにするのがよいでしょう。第1学年にとっての適切な教材は，みんながよく知っている童話です。特にグリム童話がよいでしょう。

　芸術的な雰囲気のあるものを提示する手段としては，物語よりは詩が適しています。詩はより芸術的な形態を持っていますし，より深く人間の魂の琴線に触れます。

　喜び，驚き，尊敬，畏怖の念などの感情を目覚めさせることも，幼い子供の教育の一部ですので，詩がこうした面の教育に使われるのは当然といえば当然のことです。たえず光と熱と生気を与えてくれる太陽に注意を促してから，例えばブレイク⁽⁵⁾の詩 "The Echoing Green"（「こだまする緑」）の数行を学習してみるのもよいでしょう。

　　The sun doth arise

　　And make happy the skies,

　　日は昇り

　　空は幸せに満つ　　　　　　　　　　　　　　　　　など

　これに続けて，彼の詩 "Night"（「夜」）を導入してもよいかもしれません。

42

The sun descending in the west,

The evening star does shine,

日が西に傾く頃

宵の明星輝けり　　　　　　　　　　　　　　　　など

　水について語るならば，テニスン[6]の "The Brook"（「小川」）を使うこともできます。英文学には自然を扱った詩がたくさんあり，これらは想像力や感情へ刺激を与えるものとして英語以外の授業でも使うことができます。

　詩についての説明はしない方がよいでしょう。詩は散文とは違った特徴を持っていることを指摘すれば十分です。すなわち，韻があり，リズムがあり，メロディーがあるということです。もし内容が難しかったり，構造が理解の範囲を超えている場合は，主題のあらましを前もって説明しておいてもよいが，それ以上の詩の説明は避けるべきです。

書く

　子供が学校に通うようになって，最初に学び始めるもののひとつに「書くこと」が挙げられます。「書くこと」は大人たちがあまり考慮に入れない学習項目です。私たち大人は書いたり

実際の指導　43

読んだりできるという事実を，話すことができるようになることとほぼ同じように受けとめてしまいます。実際に，私たちの中には，書くという技術を早い時期に習得してしまって，それを習ったという記憶が全くない人がいます。書くという才能は話すことと同様に，初めから私たちに備わっていると思い込み，もはや私たちは単語を作る奇妙な記号（アルファベット）に特別な注意を払うこともなく，意識はすぐに意味内容に向かってしまいます。

　しかしながら，書くという行為は幼い子供にとっては馴染みの薄いものなのです。というのは，たいていの場合，ほとんど経験していない知的な活動だからです。身体の中で動かすのはペンを握る指先部分と，わずかに手首にすぎません。さらに文字そのものは抽象的なものになってしまっています。

　ルドルフ・シュタイナーはたえず，子供の最初の7年間は何にも優先して肉体の形成に費やされることを強調しています。肉体形成は永久歯が生え出す頃に完成の域に到達し，体の中のエネルギーはようやく他のことを自由に行う方向に向かうのです。したがってこの時期に達するまでは，子供には知的活動に関わらせるべきではないのです。実際の指導はほぼ7歳から始められますが，子供にアルファベットを提示する方法は，子供にとって重荷にならない適切な方法を見つけてやらなければいけません。

そもそも私たちが文字と呼び，互いに意思を伝えるために単語にする，これらの記号とは何でしょうか。かつてアメリカ－インディアンは白人たちが小悪魔を使って互いに意思伝達をしていると思い込んでいました。彼らは我々が使うこれらの記号の中に，どこか気味の悪さを感じて，疑うことなくそうした考えを正しいことだと思い込んでいました。記号は手で触れることのできるものではありません。しかしその根底には実在するものがありました。すなわち，長い年月を経て失われてしまった絵です。アルファベットという現在の文字は，絵から始まった長い変遷過程の終着点なのです。

　通常，アルファベットといえば1種類だと思いがちですが，実際に子供は4種類を学ばなければなりません。筆記体の大文字・小文字，そして活字体の大文字・小文字です。大人になるとあまり大文字・小文字，筆記体・活字体を意識しなくなるものです。

　子供には抽象概念や知性偏重主義は必要でないと心に留めておくべきです。子供は身体を使った動きや，心と結びついた絵の世界に生きています。それゆえ，文字を絵画的に提示することは子供の側から見ると理にかなったことなのです。それは書くことの歴史的背景とも一致します。そして，もうひとつ心に留めておくべき重要なことがあります。それはアルファベットが口から発せられる音も表現するということです。音そのもの

実際の指導　45

は文字の持つ意味とは別のものを表しています（拙著『言語の発達』*The Development of Language* [7] 参照）。この音となって現れる何かとは人間の経験そのものなのです。

　ある一つの音はある明確な性質を表しています。Bという文字で表現された音は「包み込み」を表しています。Lは「解放」です。オイリュトミーとして知られている動きの芸術において，これらの音の性質は身体で表現されます。ですから，文字が表す音を子供に理解させるためにオイリュトミーを使うのは有効な手段となります。

　子供たちに書く指導をする際には，こうした諸々の事柄を互いに関連させて導入するのです。

　新しい単元に入ってゆく際，子供に意識させてよい事柄の一つに，自分たちが手と足を持っているという事実があります。私たちは手を使って，物を作ったり，その他いろいろな事をすることができます。そして足を使って立ったり，歩いたりするのです。

　この年齢の子供はまだ動き回りたい年齢ですので，文字を書く導入としてこの動き回りたい衝動を利用するのも一つのアイデアです。子供は様々な方向に歩いてゆけます。直線や曲線をたどることもできます。これができれば円や輪のような単純な形を歩かせたり，走らせたりするまでにはもうあまり時間はか

46

かりません。こうしたことを一人でやらせたり，時にはグループでやらせたりするのも難しいことではありません。直線，円，輪，二重，反転，波形，あらゆる種類の変化と組み合わせができます。これを「先頭に続け」のような楽しいゲームにすることもできます。最初は床にチョークで形を描いてやることも必要かもしれませんが，すぐにその必要はなくなります。このような活動を通して，形に対する何らかの感覚が身体全体に生じてきます。その後で，それらの形を大きな紙や黒板に大胆に描くのです。それらの形がすぐには文字だとは認識されないかもしれませんが，やがて時が来ればそれらは文字となるのです。例えば，$\mathcal{D}$, $\mathcal{G}$, $\mathcal{L}$ は明らかに連続した輪であり，直線であり，曲線ですね。

　アルファベットの文字が線でできていることは言うまでもありませんが，絵を通して文字に導いてやることもできます。確かに全ての文字がこの方法で教えられるわけではありません。というのも，ひとつには全ての文字について適切な絵を見つけ出すのはそう容易ではありませんし，またカリキュラム上，他教科のためにも，時間をすべてこれに費やすわけにはいかないからです。それでもなお，実際に世の中に存在したものが文字の元になったことを理解させるために，絵を使った教育がなされる価値は十分にあるのです。教師は文字の元となった絵を知らないし，知るよしもないではないかと反論されるかもしれま

実際の指導　47

せん。ですが，この指導の目的のためにはそうしたことは問題ではありません。この指導の目的は物事の裏側にある本質を伝えることであり，個々の詳細について伝えることではないからです。ですから，教師は自分独自の絵を描いてよいのです。そのためには教師は自らの創造力を磨かねばなりませんし，どのあたりから始めたらよいのかの判断もしなければなりません。面白みのない活字体にくらべ，輪や曲線がある筆記体の大文字は芸術性に優れ，さらに動きもあるので，最初に教えるのがよいでしょう。手順としては，子供には一番最初に完全な文を提示します。次にその文がいくつかの単語から成っていること，そしてまたその単語はいくつかの文字からできていることに注意を向けさせます。そこで教師は初めて，「今から書くことの素晴らしさや，どのように文字が生まれたかを説明するよ」とつけ加えてやるのです。

　そうした後で，絵を描く作業に入ります。子供たちには普通の水彩絵の具で思い思いの絵を描かせます。子供たちは絵画の技法や色の使い方などを学ぶうちに，次のように「書く」ということに導かれていきます。子供たちは青い山や黄色い日光，緑の草原，真っ赤な夕日などを描いてゆくでしょう。時には色が独り歩きを始め，竜や巨人，あるいは子供は気の向くままにあらゆるものを描いてしまうかもしれません。さて，私たちがある風景を見るとすると，そこには丘や空といった現実のもの

48

があります。そして丘と空が出会うところには一本の線が形成されますが，線そのものは現実のものではありません。では風景を絵の具で描く際はどうでしょう。私たちが丘や空を描くと2色の出会うところに明らかな線が現れるでしょう。これが子供たちに線を教える方法です。同じように山，谷，海，船などを描いてゆきます（図1）。子供たちは流れるような色あいとともに素晴らしい時を過ごし，大いに自分たちの活動に没頭することでしょう。

図1

　望んだ形に近いものが出来上ったら，教師はまだ人間が書くことを知らなかった頃，友だちに思いを伝えたいと願う旅人の話をしてあげるのです，こんなふうに。

「旅人は友だちに，山を越え，谷を渡り，船に乗って海を渡った自分の旅の話をしたいと思いました。最初に彼は絵を描いて，それを友だちに送りました。でも，それはたいへん時間がかかることに気がつき，山と空を描くかわりに，その二つが出会うところに一本の線を引いたのです（図2）。

図2

　そうこうするうちに，また他の人もそのアイデアをつかって
いるうちに，形は少しずつ変わり，ついに山（Mountain）から
M，波（Wave）から W，谷（Valley）から V，船（Boat）から
B が生まれたんだよ」。

　このようにほとんどの文字は絵から引き出せますが，次に扱
うべき重要な問題としては，なぜ B という記号が /b/ と発音さ
れるのかということです。Boat に B という文字がありますが，
B という音に宿っている体験とはどういうものでしょうか。す
でに述べましたが，B という音は「包み込む」という性質を持
っています。オイリュトミーでは音が動きに移し変えられます
ので，こうした概念は目に見える身振りとなります。B の身振
りは腕を前に伸ばし，まるで何かを包み込んでしっかり抱く姿
勢になります――愛情に満ちた抱擁によく似ています（図3）。

　この姿勢を横から見るようにすれば，B
の形まで発展させるのは難しいことではあ
りません。したがって，この場合は B と
いう文字を船の絵からと，また音の持つ意

図3

50

味を表現する身振りから導くことができたわけです。この導入の仕方が全ての文字で可能というわけではありませんが，こうした関係があるという感覚を子供たちに与えるために使える文字は十分あるはずです。ここで，子供にこれらすべての事柄を頭で理解させようとしてはいけないのは言うまでもありません。

　音に対する感覚を養ったり，身振りの練習のために，次の詩句がオイリュトミーの授業や単なる暗唱のために使えます。

> Let us bravely now build with fine bricks
>
> Both a high and a handsome new house.
>
> That it first may be firm and well founded,
>
> We will dig a good depth for foundations.
>
> On the clay we will cast moulds of concrete,
>
> Then we'll make and we'll mix a good mortar
>
> And bricks layer upon layer we will lay
>
> Till the top is as tall as the trees.
>
> As it grows we leave gaps for some glass
>
> That the sunlight in splendour may stream in.
>
> It has views o'er the vale and the valley –
>
> With its polish and paint it looks proud
>
> And we know we have nothing neglected.

さあ，元気よくきれいなレンガで造ろうよ

新しい高くてかっこいい家を

まずはじめ，しっかりと固い土台には

ちょうどいい深さの穴を掘るんだよ

土を使ってコンクリートの枠作り

いいモルタルをこしらえて，よく混ぜるのさ

それから木々の高さまで

レンガをどんどん積み上げる

その途中，輝く日光が射し込むように

窓をつける部分を空けておく

谷の向こうまで見渡せる――

輝きも色合いも立派な家さ

準備おさおさ怠りなしさ

　ここまでは子音についてのみ論じてきました。母音に対する記号の指導は全く異なったものになります。それは母音の持つ異なった性質のためばかりでなく，母音のつながりと発音には全く論理性が欠けているという理由によるものです。

　子音はもともと外的世界にあるものの模倣でしたが，母音は人間の感情の表出です。母音は外的世界への心のありようを表現しています。ですから母音へは全く異なったアプローチ方法をとります。オイリュトミーを使って，音の持つ性質への感覚

と同様に，文字を身振りから導き出すことができます。

　母音を表す文字の指導の難しさは決まった発音がないという点にあります。

　　Old Meg she was a gipsy

　　And lived upon the moors.

　　メグ婆さんはジプシーで

　　荒れ地に住んでいた

　"moors" は "doors" と韻を踏めるでしょうか。あるいは "moors" の oo の発音は "moo" の oo のように発音すべきなのでしょうか。さらに rough, though, through, cough, bough はどう説明したらいいのでしょうか。

　何らかの基準を取り入れなければなりませんが，最も簡単な方法は，まず純粋な母音を順に取り上げて，その後で発展の過程で生じた変質や変化を説明することです。この場合の順序は音が形成される場所の順，すなわち口蓋のうしろから唇に至る順です——A /a:/, E /ei/, I /i:/, O /ou/, U /u:/ です。英語では純粋な E /ei/ の発音は，レスターシャー州のような国内のいくつかの地域では聞かれますが，一般的には "fed" のような短い形になったものしかありません。ひょっとすると，これは二重に変化したものかもしれません。しかしながら，"He said to

実際の指導　53

me." のような文句は，/ei sed tu mei/ のように聞こえるでしょう。これと同じように，純粋な I /i:/ は，"bill" のような短い形にしかありません。ところが一方，U /u:/ の発音はそのままです。

　母音の持つ深い意味に対する感覚を身につけさせる手助けとして，母音の特有な音を利用した詩句を練習するのがよいでしょう。オイリュトミーが可能な場合はオイリュトミーの中で練習するのもよいでしょう。次のように話してあげます。「高い山の頂上に立っていると想像してごらん。周りには他の山々の頂上が見えますよ。雪で覆われた頂上もあります。谷にはところどころ霧がかかっています。朝早いので空気は冷たいよ。まだ太陽は出ていません。東の空を見よう。すると空は赤くなり始め，星はだんだんと見えなくなり，山の向こうからゆっくりと太陽が昇ってきます」。ここでオイリュトミーの Ah という開放の姿勢（図4）をとって太陽を迎えます。そしてこう言うのです。"Ah, father sun, a marvel thou art to banish darkness and gladden the heart."（ああ父なる太陽よ，素晴らしきかな，汝は闇を消し，心を幸せにせり。）この姿勢から∧，A，**A** へと発展させるのは難しくないでしょう。

　同様の方法で E /ei/，I /i:/，O /ou/，U /u:/ などの記号も身振りから導入できますし，それぞれの母音を含んだ詩句もあります。それらの詩句の意味には最もよく現

図4

54

れる母音の意味が反映されています。Eにはちょっとした感情が表現されます。「世界が私に何かを仕掛けてきました。自分を守らなければ」。この身振りは胸の前で腕を交差させます。Iは自己主張，Oは愛の抱擁，UはAhの反対で，圧迫され押しつぶされる感じ。つまり一種の恐怖感です。

　これらの文字はオイリュトミーの動作から導入することもできます。オイリュトミーにあまり馴染みのない人は別の方法を考え出さなければなりません。

　先ほどの話は次のように続きます。「見ていると，太陽が昇り，私たちの目はまぶしくなり（Eの気分），温かさと活気を感じるようになります（Iの気分）。そして太陽の温かさを自分に集めたくなります（Oの気分）。でも同時に私たちは冷たく暗い夜が一日の終わりにやってくることを思い出します（Uの気分）」。全体の詩句は次のようになります。

　　Ah, father sun, a marvel thou art, to banish

　　　　darkness and gladden the heart.

　　Dazed by thy rays, our eyes we wend away,

　　　　yet unafraid we stay.

　　We see thee in the east. We reach to

　　　　greet thee. Our strength increases.

　　O, in our own souls we would enfold

実際の指導　　55

thy gifts of gold.

Thou movest through the blue. The earth

soon cools. The moon then rules.

ああ，父なる太陽よ，素晴らしきかな，

汝は闇を消し，心を幸福にせり

汝の光で幻惑し，目を転ずれども

恐れることなし

東の空に汝を見，汝を迎えんと手を伸ばさば，

我らの力みなぎらん

おお，我らが心のうちに

汝の金の賜物を抱かん

汝晴天を去らば，

地冷え，月支配せり

　筆記体の大文字の学習から小文字の導入に進みます。教師は
ここで文字が変わってゆく様子を示すために空想力を働かせる
のです。子供たちには書かれた文をそっくり写させます。子供
たちの注意はまず個々の単語に向けられ，次に単語を構成して
いる要素を解き明かすことになるでしょう。そして最後に，読
むということの目的のために，筆記体の変形として活字体を教
えてあげるのです。

第1学年の終わりまでに，子供たちは考えたことを簡単に書いて表現できるようになり，また簡単な作文もできるようにします。作文は自分が聞いたことでもいいし，体験したことでもかまいません。自分で考え出したことでもかまいません。

日課としてのスペリング練習はまだ必要ありませんが，自然に興味が湧いたようならその興味を失わせることもありません。

読む

書けるようになる前に読めるようにするのは間違いです。書くために必要な意思を伴う活動が最初にくるべきで，目と頭を使った活動はその後に続くべきです。これは子供の成長過程とも一致するのです。文字教育の過程がこれまで示したように行われていれば，普通の子供に関しては読みの学習に何の困難さもないはずですから。

子供たちは筆記体を学び，次に活字体のさまざまな形を教えられます。子供たちはクレヨンや色鉛筆でそれらの文字を写したり練習したりするうちに，文字に慣れ親しむようになります。そうなれば読めるようになるまであと一歩です。これまで提唱されている認識に関する諸々の学説などは必要ありません。

音声面から入る指導は，それぞれの文字が表している音の連続からその単語を学ぶという好ましい結果をもたらします。確

実際の指導　57

かに英語には，特に母音において発音と文字が必ずしも一対一の対応をしないといった面や，いくつかの変わったスペリングがあるなど，厄介な面がありますが，音声を重視するやり方は十分に使えますし，法則に合わないものは例外として学べばよいのです。

　しばらくしてから，語の変遷について何らかの説明をしてやるべきでしょう。例えば，英語は他の言語から発達してきたという事実や，方言が示すように話し方というものは地域ごとに異なるということなどを。"night" などにみられる発音しない gh は次のように説明できます。「これらの音はかつては発音されていたのですよ。ドイツ語の "Nacht" のように親戚関係にある言語では今でも発音されていますが，英語では消えてしまったのです。それはちょうど，昔は元気だったおじいちゃん，おばあちゃんが今では気楽になって，部屋の片隅でみんなを眺めているようなものなのです。でも元気がないからといって無視をしてはいけませんよ。これが "night" という単語を使うときに起こることなのです。3 つの文字の発音しかしませんけれど，書くときはすべての文字を忘れてはいけませんよ」。

　子供たちが，アルファベットの文字には呼び方があって様々な発音があること，そしてその呼び方と発音は必ずしも一致しないことに気づくと読む際の助けとなります。

　この年齢では実際の読みの授業や時間は設けられていません

58

が，子供たちは自分たち自身が書いたものを読んだり，適切な本をじっくり読んだりするのはかまいません。（巻末の推薦図書を参照。）

文法

第1学年では正式な文法の学習はありません。

読み物

この年齢における子供はまだ夢と一体になった意識の中に生きているので，あまり急速に現実世界に引きずり込んではいけません。子供の心は栄養として想像力に訴えかける絵を必要としています。ですから最もふさわしい本は，文といっしょに今にも動き出しそうな素晴らしい絵が描かれているものです。例えば，小さな柄を引っ張って木を切る小人の話などがあります。この年齢での話はおとぎ話であったり，季節であったり，自然であったりするものがよいでしょう。

詩の学習に関する限り，教師は扱う詩を完全に覚えておかなくてはいけません。短い詩が最適で，良い韻，リズム，快い音を持ったものがよいでしょう。すでにいくつかの詩が話したり書いたりする指導の中で挙げられていますが，暗唱を目的と

実際の指導　59

した場合には特別に選ぶ必要があります。特に優れたものには，小冊子 "Miscellany"（『落穂集』）[8] の中の劇 "The Golden Key"（「金の鍵」）の 4 元素の精霊の合唱部分があります。またシェイクスピア [9] の詩もよいし，アラン・カニンガム [10] の "The Song of the Elfin Miller"（「エルフィン・ミラーの歌」），ケネス・グレアム [11] の "Duck's Ditty"（「あひるの歌」）のような喜びに溢れた作品もあるし，その他，E.E. グールド [12] の "The Tadpole"（「おたまじゃくし」），ウィリアム・アリンガム [13] の "Fairies"（「妖精」）なども挙げられます。

第2学年 7／8歳

声を出す

　この学年での内容は第1学年のものとよく似たものになります。物語あるいは自分自身の体験をつづった作文を自分なりの言葉で語らせるのがよいでしょう。暗唱も，役を演じさせたり，身振りを交えて続けるべきです。

　クラスの人数が多い場合は，全員が授業で発表するわけにはいきません。それはクラス構成の問題ですので，そうした場合は1日4，5人に発表者は限る必要があるかもしれません。子供たちは時に落ち着かなくなるかもしれませんが，人の話を聞く態度を養うよい訓練になります。

　話の教材としては，寓話や伝説を語ってやるのがよいでしょう。ただし，教訓をそこで説いたりしてはいけません。

書く

　短い引用句や詩をそのまま書き取らせます。その際，はっきりと丁寧に書かれたお手本に注意を向けさせます。句読点もそ

実際の指導　61

のまま書き写させます。やがて子供たちは自分の思い出，体験，考えなどを表現できるようになります。教師は聞かれたら単語のスペリングをゆっくりと教えてあげるとよいでしょう。

読む

　教師と一緒にクラス全体で声をそろえて読んだり，短い一節を生徒同士で交互に読ませたりします。能力に合わせてグループを編成することもできますし，それは必要なことかもしれません。

文法

　子供たちはピリオドや大文字，おそらくは名詞や動詞などにも気づくかもしれませんが，文法用語は必要ありません。定義づけもすべきではありません。すべては絵画的で想像力に訴えかける方法，あるいは物語風に提示しなくてはいけません。例えば，本文全体を旅にたとえて，ピリオドは旅人が腰を下ろすところ，大文字は一休みした後の新たな出発を意味するのですよ，といった具合に。

読み物

　おとぎ話，伝説，寓話，上手く描写された動物の話。第1学年で扱ったような詩。

第3学年 8／9歳

　まったく新しい刺激が9歳という年齢の子供の教育にはもたらされます。この年齢の子供は外の世界をより意識するようになり，それと同時に個人としての自分をより意識するようになるからです。新しい意識の段階に到達すると，子供は自分が世界と向き合って立ち，世界から離れた存在だと感じるようになります。この時期こそが真の学習が始まる時期なのです。言語学習においては文法が理解できるようになる時期であり，より深い教育的観点からも文法を導入するべき時期なのです。なぜならば，それまで意識に上らなかったものを子供の意識の中に持ち込むことによって，子供の成長がいっそう進むからです。

　細かいところまで注意が向けられるようになるので，この時期が日常的にスペリングの練習を始める時期です。

　教師から精神的な栄養を与えるものとしては旧約聖書の物語があります。これはこの時期の子供たちにぴったりです。物語は上に立つ者とそれに従う者を描いており，教師と生徒の関係に似ています。それはもちろん人類の発展を描いた壮大な想像

力に富んだ絵物語でもあるのです。

声を出す

　暗記したものを声に出して発表させることは，これまでのように1日数分間ずつ，授業の始まりやお互いに打ち解けあう活動として行います。子供たちのスピーチは常に直してあげる方がよいでしょう。芝居，身振りも取り入れます。

書く

　最近になって流行り始めた言葉に「創造的な作文」があります。シュタイナー学校において創造的に作文をするということは，子供が独自に創りだした作文のことを言いますが，そのテーマは子供が実際に観察したものや経験したものだけに限るべきで，抽象的なことや論争のあるテーマには立ち入らせないことが必要です。

読む

　音読の練習を取り入れなければなりません。音読にはいろいろな方法が考えられます。クラスで順番に読ませるのは一人ひ

実際の指導　65

とりの子供にほんのわずかな時間しか割り当てられないし，速く読める生徒は飽きてしまいます。ですが，場合によってはこの方法を使うのは悪いことではありません。教師が読んで，その後に生徒が続けて読む方法もあります。能力には差があるのでグループを作ることが必要な場合もあるかもしれません。また，自分のペースで読ませてよい子供もいれば，読むのが遅い子供で助けが必要な場合もあるでしょう。

文法

この年齢では全てを絵画的，想像的，芸術的な方法で提示しなければならないことを思い出してください。授業を生き生きとした，喜びに満ちたものに保たなければなりません。第3学年になると扱う内容が広範囲になりますが，子供たちにとってはまさに発見の航海そのものとなります。子供たちは将来，何年にもわたって名詞，動詞，形容詞などを使い続けることになりますが，これらの品詞の位置や性質を発見するのはまさにこの時期なのです。

まず主要な3つの品詞である動詞，名詞，形容詞を扱います。アプローチ方法としては，例えば，"The cat jumps."（「猫が飛び上がる。」）のような分かりやすい文を提示して，この中には名前に当たる部分と動作の部分があることを指摘します。その

後，私たちの目に見えるものや心に思い浮かぶものにはすべて名前が付いていることを教えます。エデンの園でアダムが神から全てのものに名前をつけるように言われた話を紹介してから，同じように私たちの身の回りの全てのものに名前を付けてみます。

　子供たちがこれまでに見たこともないようなものを教室に持ち込んで，子供たちに名前を付けさせてみるのもよいかもしれません。

　動詞に関しては，ひとつのアイデアとして子供たちに，石にできること，次に植物にできること，さらに動物，人間にできることを順に述べさせる方法があります[14]。（これは後の学習のよい準備となります。）別の方法としては，教師または一人の子供が何かの真似，あるいは動作をして，見ている生徒たちにその動作を当てさせる方法もあります。

　この段階で文法用語を教えることができます。ラテン語の"nomen"は「名称」という意味ですが，これがある物の名前（name）に対して使われる文法用語 noun（名詞）になりました。動詞（verb）は，「単語」を意味するラテン語"verbum"からきています。このことから動詞が非常に重要であることがわかります。動詞は活動性を持っています。「猫が飛び上がる」。このように動詞は動作を表す単語です。猫は他にどんな動きをするでしょうか。すぐにいろいろな動詞を思いつくことでしょう。

実際の指導　67

形容詞に進んで，形容詞は「付け加えられたもの」であると説明します。ある物を指す名詞があっても，それに何らかの説明を加えなければ，その物についてはほとんど何も分かりません。例えば猫と言った場合，それはどんな猫でも指すことができますが，黒猫，茶色の猫，あるいはぶち猫と言ったら，それは特定の猫を指すことになります。また，ある猫が黒猫だったり，ぶち猫であっても，太った黒猫かもしれないし，やせたぶち猫かもしれません。さらに大きく丸々した黒猫もいるし，怒った大きな丸々した黒猫だっているでしょう。形容詞の学習では，このようにある物に対して，どれだけ多くの適切な修飾語がつけられるかといったゲームにするのもひとつのアイデアです。

　品詞の導入のもうひとつの方法としては，家を建てる際の過程にたとえる方法があります。つまり，それぞれの職人が個々の仕事をどのようにしているかの説明をからめるのです。職人のように，単語もそれぞれの役割を持っていることを示すのです。

　また別の方法としては，教師が主に名詞がたくさん使われている文章を話したり，次に動詞がたくさん入っている文章を話したり，その後に今度はおびただしい数の形容詞が使われている文章を話してやる方法もあります。こうすることで子供たちは確実に，それぞれの異なる特徴に気づくようになるでしょう。

68

こうした方法は子供の心に深く残るはずです。

　さらに次のような方法もあります。子どもたちにある文章を書かせる際に，いろいろな色をつけさせる方法です。

　適当な時期に，名詞の種類を説明してやる必要があります。そして名詞の種類を認識する適切な練習をします。

　句読点に関しては，まず初めに聞くことから学ばせるか，あるいは演技をするゲームにして学ばせます。まず教師がある文章を話します。子供たちは文が始まると同時に立ち上がります。ピリオドで座ります。コンマで一息つきます。疑問符ではその恰好を真似します。引用符では口を大きく開けます。感嘆符では飛び上がるのです。

　句読の学習に関する別のアプローチ方法としては，それらを象徴する絵を使った方法であってもよいでしょう。疑問符は耳です——答えを出すためによく聞くからです。引用符は実際に話された言葉を囲む唇です。しかし，句読に関する記号をすべて描くのは時間がかかるので，示唆するだけにします。
「ピリオドは，かつて馬車の車輪の輪止めに使われた丸太です。そしてコンマは完全に停止していない丸太です。」
という説明をするのもよいでしょう。

　性や複数形の問題は外国語と比較しながら説明するとよいでしょう。（ドイツ語には3つ，フランス語には2つの性があります。古代の人は物の存在が男性的に感じたり，女性的に感じ

実際の指導　69

たり，中性的に感じたりしました。英語ではほとんどが中性的なものになりました。しかし，船は今でも代名詞は「彼女」です。）性に関しては，ある名詞の男性形と女性形，例えば dog（雄犬）– bitch（雌犬），bull（雄牛）– cow（雌牛），lion（雄のライオン）– lioness（雌のライオン），lord（主人）– lady（女主人）などを学ぶことは興味をそそるでしょう。

　文の構造の学習に入るにはこの年齢には早すぎますが，文とは何かというある種の概念は与えてもかまいません。たいていの文は名前にあたる部分と動作にあたる部分があり，時には動作を受ける物があったりします。

　　The boy is eating.

　　男の子が食べています。

　　The boy is eating an orange.

　　男の子がオレンジを食べています。

　また次のように言って，名詞に付け加える部分を作ってもよいでしょう。

　　The boy who is wearing a blue coat is eating an orange.

　　青い服を着た男の子がオレンジを食べています。

すべての文が単純で平易な文ではないことを示唆してあげるのもよいでしょう。疑問の形があったり，命令があったり，驚きの文があったりすることを示してあげます。これらは適切な声の調子で実際に声に出します。

　子供の意識や観察力が発達するにつれて，スペリングの練習を増やすことも必要になります。

読み物

　旧約聖書物語，伝説，聖人物語，民話，エポック授業と関連のある叙景物語。優れた叙情詩。

第4学年 9／10歳

　この年齢では，さらに進んだ文法教育とこれまで以上の学習が可能となり，また必要となります。成長の段階としては，外界とは別の存在としての自己をより強く意識するようになります。また，時間の感覚がより鋭くなります。これは文法学習と大いに関わりがあるのですが，文法教育はまだ想像力に訴えかけるものでなければなりません。

　授業の中心課題で用いる題材としては，北欧の物語や古代史の場面からのものが推奨されます。

声を出す

　数分間全員で詩を朗誦させることにより，クラスに一体感がもたらされ，生徒は呼吸を整えることができ，全体的には協調精神を養うことにつながります。

　生徒同士の話し合いはエポック授業の中で展開するとよいでしょう。そうすることで前日の授業の要点をつかませる機会と

なります。はなはだしい間違いはその場で訂正してあげます。

　一人ひとりの生徒に役を与えた劇を創ることもできるかもしれません。もちろんこれには相当な時間がかかるので英語のエポック授業をあてるのがよいでしょう。

書く

　前の学年で始めたことを続けます。手紙を書く際には指示を出します。授業の中心課題で扱った物語，あるいはそのテーマをもう一度書き直したりします。一般的には主題があるという点から物語が好まれます。それ以外のものを扱うと混乱してしまうかもしれません。抽象的なテーマや自分の意見を書かせるのは避けた方がいいでしょう。子供の発達段階がこうしたことを扱う段階にまだ達していないからです。

　書かれた作文はスペリングや文法について，これまで学習した事項の範囲内で直してあげます。この段階での訂正はすべて行うのではなく，一度に一つか二つにしぼってあげるとよいでしょう。作文をもう一度書き写させることで，正しいスペリングを覚え，間違いが明らかになります。こうした訂正を普段の宿題にすることもできます。訂正が正しくなされたかどうかを教師がチェックすることは大変重要なことです。

　毎回すべての訂正事項を個々の生徒すべてに説明することは

実際の指導　73

不可能ですが，代表的な間違いを選んで，それらについての補習をクラス全体に行うと負担の軽減につながります。

　授業についてのまとめを黒板からノートに写させるとよいでしょう。内容の価値もさることながら，美しい手書きの練習の機会にもなりますから。

読む

　明瞭な発音をすることに注意を向けさせ，理解をしながら読むように仕向けます。まとまった意味を持つ単語はひとまとめに読むこと，区切りは大切だということ，さらにピリオドは無視してはいけないことを指導します。つまり，聞き手が理解できなければ意味がないことを教えます。

文法

　人称，数，時制の学習が子供の成長とちょうど一致します。
　これまで扱わなかった品詞（副詞，代名詞，前置詞，間投詞，定冠詞，不定冠詞）が扱えます。品詞の学習とは，それぞれの機能の違いを認識することです。様々な人がそれぞれの職業を持ちながらもお互いに助けあっているのと同じように，品詞は文を作るためにそれぞれ機能しているのです。

品詞は一覧表を暗記するように学ぶべきものではありません。品詞はある意味で馴染みが薄く抽象的なので，親しみやすい関係を築いてやる必要があります。品詞が本来持っている意味を説明してやるとよいのですが，ひとつの方法としてそれらの語源を考えるとよいでしょう。すでに名詞（noun）が"nomen"（名前）から，動詞（verb）が"verbum"（単語）から，形容詞（adjective）が"adjectum"（付け加えられた）から派生したことは述べました。他の品詞も同じように説明できます。副詞（adverb）は"adverbum"（動詞に付けられた），代名詞（pronoun）は"pro nomen"（名詞の代わり），前置詞（preposition）は"prae position"（〜 の 前），接 続 詞（conjunction）は"con junctionem"（結 合），間 投 詞（interjection）は"interjectionem"（挿入），冠詞（article）は"articulus"（接合，間接，部分）から生じたのです。（品詞という点からはラテン語に冠詞はありません。）

　語源を心に留めた上でさらに多少の想像力を働かせることで，かなり退屈な科目に大いに生命力を注ぐことができます。文法学習は発見の旅であることを忘れてはいけません。旅はすでに始まっているのです。

　常に教材提示は生き生きとしていなければいけません。例えば，いくつもの前置詞が交換できるような文を取り上げるのです。

実際の指導　　75

The cat jumped into the chair.

猫が椅子に飛び込んだ。

　into を on（～の上に），towards（～に向かって），from（～から），under（～の下に），to（～へ）と入れ換えてみます。そうして少し意識させると，子供たちは前置詞の働きが二つのものの関係を示すことだと気づくでしょう。

　形容詞で行ったのと同じゲームを副詞でも使えます。つまり動詞にどれだけたくさんの副詞を付けられるかというゲームにします。

　間投詞はつま先を踏みつけたり，それと似たような刺激を与えることで容易に理解できるでしょう。

　品詞の識別には継続的な学習が必要です。子供たちに意識的に品詞を使わせて文を作らせるのは良い方法です。

　名詞の不規則な複数形は面白い話題となります。英語では複数形を作るには一般的には -s を付けますが，例外があります。母音を変化させるもの mouse（ねずみ）と mice（ねずみの複数形）もあれば，-n, -en を付けるもの ox（雄牛）と oxen（雄牛の複数形）もあります。child（子供）と children（子供の複数形）は特に面白い形です。-er はドイツ語の複数形で，-n, -en もそうです。つまり children は二重の複数形となっているのです。これらはアングロサクソン語や現代ドイツ語との関係を表しているのです。

76

一人の人間という感覚が発達しつつあるので，子供はこの段階で文法上のいわゆる「人称」や「数」を理解できるようになります。一人称の I は話し手の私。二人称の you は私が話しかける相手。he，she，it は，I や you とは別の，話題にされている人物や物です。

一般的な教育の問題として，教師は人間という観点から I の持つ唯一性を強調してもよいでしょう。自分のことを指す以外には誰も I は使えません。I を構成しているものとは一体何なのでしょうか。

子供が「時」をより強く意識するので，この時期が時制を学び始める年齢だと述べました。時間の概念を形成している要素への絵画的でかつ想像力に訴えかける良い導入方法は，3 人のノルン(15) が登場する北欧神話を思い出させることです。とにかくこの物語はこの学年にふさわしいのです。

「生命の樹」の根元に不思議な三姉妹，すなわちノルンが住んでいます。三人のうち一人は過去を，一人は現在を，そしてもう一人は未来を知ることができます。この話を通して，昨日（過去），今日（現在），明日（未来）の概念がはっきりと意識されます。ここでも何かを教えるということが問題なのではなく，何かを意識させることが大切なのです。なぜなら，子供たちは過去，現在，未来の時制にはすっかり慣れているのですから。

文法用語はそれ自体は重要ではありませんが，教師の参考事

項としてその意味を明確にしておくことは無駄ではないでしょう。

　時制（tense）という語そのものは「時間（ラテン語でtempus）」を意味します。外国語を学ぶ際には時制の名称を体系的に覚えるのは面倒でしょうが、英語を学ぶ際にはそれほど面倒なことではないかも知れません。学習というものが順序良く整理して学ぶものであるとすれば、文法用語に対する多少の理解というものも役に立つものです。

　では一体、時制の中に表現されているものとは何でしょうか。私たちが時制について語るのは動詞についてです。動詞は動作や活動を表現するもので、時間の流れの中で起こります。今起こっていることもあれば、明日起こることもあります。すでに起こったこともあります。このように現在、未来、過去の区別を説明するのは比較的簡単です。では、過去における未完了（imperfect）、完了（perfect）、過去完了（pluperfect）の区別はどうしたらいいでしょうか。"I ate." "I have eaten." "I had eaten." の違いは何でしょうか。「完了（perfect）」という用語は「完結した（completed）」という意味ですから、"I have eaten."（「私は食べ終わった。」＝完了）は完結した動作です。"I ate."（「私は食べた。」＝未完了）は「物事をやり終えた」と同じ意味ではありません。未完了の進行形 "I was eating." では未完了の感じがより強い。未完了の他の表現、"I did eat." "I used to

78

eat." なども考えてみるとよいでしょう。過去完了は完了の上をいきます。過去完了は出来事をさらに遠い過去へと追いやる表現なのです。

　動詞を話題にしている時に，動詞の2つの型，すなわち規則（弱）変化動詞と不規則（強）変化動詞があることに注意を向け，それとドイツ語との関係を示します。そして，どうしてそのような名前がついたのか，その理由を説明してやります。

　またこの学年では，文構造にそれまで以上の関心を向けてもよいでしょう。ただし，まだ詳しい説明は必要ありません。発声を通して芸術的に扱うべきです。教師は声の調子を変えたり，スピードを変えたりして，文構造を分からせることができます。例えば，

　　The class is studying English.

これは棒読みで読める普通の文です。

　　The class, which is mixed, is studying English.

　従属節 'which is mixed' は調子を変えてさっと読みます。
　教師はまた図を使って示すこともできるでしょう。

実際の指導　　79

The class is studying English.

The class, which is mixed, is studying English.

　いままで扱わなかった句読点もこの学年で扱って説明をします。またその明確な使い方も教えます。毎日のスペリングの練習も続けます。

　この第4学年か，あるいは次の第5学年のいずれかの段階で，音には2種類あること，すなわち母音と子音があることに触れるのがよいでしょう。これまでに正しく教えられていれば，子供たちは母音が内的な感情を表し，子音が外界のものをあわらしているという違いをここで認識することができるでしょう。

読み物

　北欧神話，古代史からの場面，エポック授業のテーマに関連した本（家の周りにあるもの，動物）。頭韻を踏んだ詩やバラッド(16) が特にこの学年の子供たちには適しています。

第5学年 10／11歳

声を出す

詩などを朗唱する練習は第4学年と同じように続ける。教師から話してあげる題材はギリシャ神話や中世の話からとなります。

書く

エポック授業で扱われた内容や知識を再現させて要約させ，それらを記述したり，話を書かせたりします。商用文を書く際の習慣などを教えてもよいでしょう。また，教師がお手本を示しながら，テーマにそってあまり複雑でなくてもよいが，順序正しい文章の展開をするように仕向けます。この学年では，ある程度の指針を示しながら，単なる物語から自分の考えを自分なりに整理して書くことへ移行してゆくことが可能となります。教師はどのように論理的なつながりを持たせて文章を展開していくかを示してやらなければいけません。

すべての作文はある特定の項目にそって訂正をしてやり，訂

実際の指導　81

正した理由を説明してあげます。そして訂正した作文を再び書き写させます。作文のテーマがエポック授業から取ったものならば、直した後の作文をエポック授業用のノートに書き写すこともよいかもしれません。こうした丸写しは徐々に少なくしてゆきます。

読む

　子供たちが十分に習熟してきたようならば、読む練習そのものは少しづつ減らしていってよいかもしれません。辞書の使い方を教えます。時々、教師は文語体や散文詩のような特別な文を説明するための一節を読んでみたいという思いに駆られるかもしれません。

文法

　この学年ではこれまで習った多くのことを復習します。その際に、抽象名詞と具象名詞、形容詞や副詞のいくつかの型について触れるなど、やや学習範囲を広げます。
　さらにその先の学習項目として、形容詞と副詞の比較級と最上級、さらに形容詞節と副詞節なども扱います。
　動詞に関する新しい項目としては、能動態・受動態を扱いま

す。この文法用語を説明するために，主語がどのように動作をする側になったり，動作を受ける側になったりするのかを示してやるとよいでしょう。助動詞 shall, will, may, should, would, must, ought, could, might 等に注意を向けるとともに，その使われ方による意味の微妙な違いにも注意を向けるべきです。do という単語はもちろん，「遂行する」という意味で動詞として使いますが，もうひとつ助動詞としての使い方があります。"He did not come." は「来る」という行為が遂行されなかったことを表します。動詞 be も他の動詞とは異なった特徴がありますので，扱っておくべきでしょう。子供たちはこれを動詞と認識することが苦手です。というのは，私たちは普段，動詞とは動作の語，すなわち行動を表現するための語として説明しているからです。私たちはほとんどの動詞に，まるで行動を共にしているようなある種の共感を覚えますが，動詞 be は私たちと関わりなく存在しているものを表す語です。

この年齢の子供たちは自分が独立していることを認識できますので，伝えられた内容と実際に言われたことの違いを理解でききます。ですから，この時期こそが直接話法と間接話法を紹介して，説明しながら練習する時期となります。

接頭辞や接尾辞，反意語や同意語，同音異義語などを扱って

実際の指導　83

楽しい一時を過ごすのもよいでしょう。これらの中には発達しつつある知的能力に訴えかける面白い話題を提供してくれるものがあります。ただし，子供たちがまだこの段階に達していないようであれば後の学年で扱ってもよいでしょう。

　論理に対する感覚が目覚めているようならば，段落の基本を説明することも可能でしょう。

　この段階で句読点に関してはかなり習熟しているでしょうが，引き続き練習する必要があるかもしれません。依然としてスペリングが弱い子供たちには励ましてあげることです。

読み物

　エポック授業と関連したインド，ペルシャ，エジプトの神話。ギリシャ神話。中世史からの話。エポック授業のテーマを扱った本（地理，動物，植物），伝記，アイルランドの伝説。幅広い分野の詩。6歩格の詩。

第6学年 11／12歳

　第6学年，ほぼ12歳に達する頃，子供たちは急激に変わりながら成長してゆきます。思春期までもうすぐです。たとえ思春期まで達していなくても，物質的な世界とこれまでとは違った関係を持つようになります。理詰めで物事を考える能力が発達し始めます。こうした事実は，「何をどのように教えるか」という問題に影響を及ぼします。実はこの年齢まで教科書はほとんど使われていませんが，これは「幼い子供には教師がすべてを生み出す存在であり，すべてを知っている存在に映るべきである」というシュタイナー教育の信条があるからです。しかし12歳になると子供は，教師がすべてを知っているわけではないことに気づきます。教師は権威という存在から指導者，協力者へという変化を少しずつ起こさなければなりません。子供はこの段階で自立し始めます。この時こそが上手く教科書を使って授業をする時なのです。どんな教科であれ，その教科書を英語で読むわけですから自然と英語の知識も広がっていくのです。教科書を使用することのもうひとつの利点は，個人的な努

実際の指導　85

力を促し，指導上の効率性が高まることです。この段階で効率
性が重要なのはカリキュラムが過密になるからです。

「声を出す」「書く」「読む」をこれまで以上に連携させるよう
にします。課題への取り組みは先導者としての教師との共同学
習となります。

声を出す

　英語のある側面を特別に扱うエポック授業はまだ行うことに
なるでしょう。しかし私たちにとって英語は指導上の言葉とな
っているので，「声を出す」という指導はずっと続いているこ
とになります。エポック授業で教科書を使用する場合は生徒に
順に一節ずつ読ませ，その中心となる内容を発表させるのもひ
とつの方法です。

　暗唱は続けます。劇を学習している際には話す機会をたくさ
ん持つことができるでしょう。

　教師はエポック授業の中で物語や逸話を話してやることによ
って，芸術的な時間を引き続き与えることができます。その範
囲は広く，近代史上の出来事や現代の出来事でもかまいません。
結論の出ていない問題は注意して扱うか，できれば避けた方が
よいでしょう。というのは，子供はまだ判断を下す際の基礎と
なる知識が十分でないからです。

書く

　教師から直接情報を与え，生徒たちにノートを取らせ，作文
の形で書き上げさせます。その作文に教師が手を入れてからエ
ポック授業用のノートに写させます。これはたいへん手間がか
かる作業なので，多くの教師はあまりやりたがらないかもしれ
ません。黒板を写させるのはもうやめた方がよいでしょう。ス
ペリングがまだ弱いようならば，家庭で行える課題を与えます。
　知的能力の発達を伴うこの年齢になって初めて，構成のしっ
かりした作文が書けるようになります。しかし，少なくとも
14 歳までは現実的なことか，経験したことに関するテーマを
与えることが重要です。社会道徳的な事柄や真理についても再
び触れるとよいでしょう。正確に伝えたり，記述するのは難し
いので，練習する必要があります。
　どんなものであれ，取り上げた作文の内容を語り合うのは望
ましいことです。最初の段階で十分な指導をすることが大切で
す。作文がエポック授業の科目であれ，手紙のやりとりであれ，
報告文であれ，その目的は正確で明瞭な，そして論理的な言葉
で文章を作り出すことにあります。仲間内での言葉やキャッチ
フレーズは避けます。子供の心がさまよい，途方にくれてしま
うような難解なテーマよりも，子供たちの心が集中しやすいと

実際の指導　87

いう意味で，具体的な状況から生まれる話題が好ましいでしょう。

読む

　子供たちが確実に理解しながら読むことができるようにするために，読みの時間をときどき作ることが必要かもしれません。学習の遅い二，三人の生徒には特別な配慮が必要かもしれません。しかしたいていの場合，知識を獲得する手段として，最終的には自分の力で読めるようになるものです。

文法

　文法学習は継続的な作業ですから，途切らさずに練習と復習をする必要があります。12歳の子供は，文法用語で統語とよばれる文構造を学ぶ準備ができています。

　非人称構文，つまり非人称のitを主語にした動作のみの構文を教え始めることができます。例として，"It is raining."をあげます。次に文の構造を変え，具体的な主語を与えて"The rain is falling."とします。この理由は人間の本性が動作から観察へ，動詞から主語へという流れを追うからです。

　ここからさらに進めて，主語，述語，目的語を扱います。外

国語と対比するために，生徒は直接目的語，間接目的語を認識する必要があります。また英語との対比関係は明らかに薄いのですが，主格，対格，属格，与格などの格の問題を少なくとも考えさせるとよいでしょう。

　ここでも文法用語に慣れ親しむ必要があります。それぞれの文法用語は何を表しているのでしょうか。「述語（predicate）」は，「公表する，発表する」という意味を持ったラテン語"praedicere"にあたります。主語（subject）は，ラテン語の"subjacere"（下に置く，下に横たわる）で，「述語の影響下にあるもの」を指します。「目的語（object）」はラテン語の"objicere"（前に置く，間に入る）で，いわば述語がたどり着くものです。

「主格（nominative）」は，"nomen"（名前）と関係があります。「対格（accusative）」は，ギリシャ語を経由し，目的という意味を持つラテン語です。「属格（genitive）」は，"generation"（帰属していること）と関係があります。一方，「与格（dative）」は，まさに「与える格」（"dare"は与えるという意味）です。

　他動詞，自動詞，不完全動詞の分類も含めて，動詞に関する進んだ学習がこの学年で行えます。勉強好きなクラスならば動名詞，分詞などの項目を学ぶこともできそうです。

　前の学年で，ある文のリズムや調子について示しました。

実際の指導　89

この学年はより知的な文における項目を提示する時期です。
単文，重文，複文，従属節，文型等を説明する必要があります。
　第3学年の授業で4種類の文を扱いましたが，この学年から
文法で「法」と呼ばれる事項に入っていくことができます。

The boy is coming.	平叙文
Is the boy coming?	疑問文
Boy, come.	命令文
If only the boy would come!	感嘆文

　平叙文や疑問文は平易ではっきりとした事実と関係していま
す。そこで直説法について話します。命令や指図は命令法が必
要となります。願望は具体的な事実でもないし，疑問でもあり
ません。そこで動詞はもうひとつの型，仮定法が使われるので
す。(英語においては特別な形としての仮定法はほとんどあり
ません。上の例では，'If only the boy were to come.' と言えます
が，この 'were' が現在残っているほぼ唯一の仮定法の形と言っ
てよいでしょう。こうしたことに興味のある人は標準文法にあ
たってみてください。)

また4番目の法，不定詞もあります。これは to 〜の形で，名称が示す通り，人称，数，時制に制約されない基本の形です。分詞，動名詞も不定詞法に属すると考えられます。

　論理的思考の発達に伴い，新しい要素が教育に入ってきます。ここで述べることは次の2年間に応用できますし，ある視点からは学校生活の残りの期間すべてに応用できます。これまで美しさというものは多かれ少なかれ直観的に教えらえてきました。しかしこの学年で文体を学ぶことにより，審美眼を養います。
　これまでに述べた「音」の本質と関連して，言葉の持つ美しさに対する感覚を伸ばします。シェイクスピアはロミオに次のように語らせています。

　　Lady, by yonder blessed moon I swear
　　That tips with silver all these fruit tree tops,
　　恋人よ，このすべての果実の樹の梢を
　　銀色に彩るあの神聖な月にかけて，私は誓おう

't' と 's' の繰り返しは甘い感じを引き出していないでしょうか。これは音の美しさを鑑賞するためのものですが，もちろんすべての純粋な詩に見つかるものです。スウィンバーン [17] の迫ってくるような頭韻に耳を傾けてみましょう。

実際の指導　91

The sea is awake and the sound of the song of her waking is rolled...

海は目覚め，そのざわめきが打ち寄せる……

またこの学年は比喩的な表現を学ぶのにも適しています。用語の説明をしてやると理解の手助けになるでしょう。「隠喩（metaphor）」はギリシャ語を語源に持ち，「移し替える」という意味があります。では一体，移し替えられるものとは何でしょうか。それは直接的な対比を使わない，心に映る像です。「風刺（sarcasm）」は「歯ぎしり」，「擬音語（onomatopoeia）」は「言葉の創作」という意味があります。

話すことにおいても，書くことにおいても，言葉をいかに豊かにしてゆくかという課題が生じます。つまり単語の学習，適切な言葉の発見ということです。すでに同意語，反意語は第5学年で取り上げました。実は，それらをさらに学習する中で興味深いことがかなり発見できるのです。私たちはあることを言い表すのに，「雄大な」「大きい」「威厳のある」「堂々とした」「高貴な」「品のある」「素晴らしい」「高尚な」「気高い」「尊大な」「豪華な」「卓抜した」「見事な」等々の言葉を使うかもしれません。そうした中で自分の意図したことを表現するのには

どれが一番適しているのでしょうか。またこうした言葉の意味の違いは何なのでしょうか。

　私たちが話す際に，強勢によって話した内容がどのように変わるかを示すのも面白いかもしれません。"Have you seen the man?" を最初は 'have' に，次に 'you' にと次々に強勢を変えて言ってみてはどうでしょうか。

　これまで言語を正確に使うことの大切さについては幾度となく言ってきましたが，言語にはまたそれぞれの表現形式に見られる美的要素というものもあります。そしてこの学年では言語の三つ目の特質である「言葉の力」に生徒の関心を向けます。書かれたことには何らかの力があります。話されたことにも何らかの力があります。私たちは言葉として発することに注意するべきであること，そして今日話されていることの多くにあまり内容がないことをそれとなく教えてやるとよいかもしれません。「一言発する前にじっくり考えれば，二倍上手く話せるだろう」というウィリアム・ペン⁽¹⁸⁾の言葉を紹介するのも悪くないでしょうし，素晴らしい文学作品や偉大な演説家のスピーチを紹介するのもよいでしょう。

実際の指導　93

読み物

　歴史上の人物伝，探検家の偉業，エポック授業のテーマを扱った本（地理，博物学，物理）。詩。

第7学年 12／13歳

　第6学年で計画した授業を継続します。作文では，それぞれの文を異なった品詞で始めたり，文の長さを変えたりする練習を行います。特別な理由がない限り，黒板の丸写しは行わせない。理科の授業と関連した作文を行う。これは正しい観察と記述を練習するまたとない機会を与えてくれます。実践的な商用文も継続します。

　内的体験がより意識されるに伴って表現能力が発達するので，子供に新しい表現形式を意識させることができます。教師は願望，疑問，または驚きを表す文を子供たちに示し，次に子供たち自身の表現をさせてみます。

　　It is my lady, O, it is my love,

　　O that she knew she were.

　　あれは私の愛しい人，ああ，私の恋人ではないか，

　　この思いをどうやって知らせよう

シェイクスピア

実際の指導　95

How beautiful they are, the lordly ones

Who dwell in the hill, the hollow hills.

何と美しい者たちよ，威風堂々たる者よ

丘に，あの虚ろな丘に住む

フィオーナ・マクラウド [19]

What dire offence from amorous causes springs,

What mighty contests rise from trivial things.

恋ゆえに湧きあがる何とおぞましき思い

つまらぬ事から生じる何と大きな争い

アレクサンダー・ポウプ [20]

　この学年において，また次の第8学年か第9学年まで続けられると思いますが，諺の学習ができます。相反する教訓をもった諺を探すのは面白いものです。

He who hesitates is lost.　　　思いたったが吉日

Look before you leap.　　　　石橋を叩いて渡る

できる限り外国語との比較を交えながら，慣用句や風変わりな表現の学習に取りかかります。英語には do を使ったかな

96

り奇妙な表現があります。私たちは "How do you do?" と言いますが，実際にはなんとしてでも相手の容態を知りたいとはめったに思いません。動詞の進行形があるだけで分かるのに is coming, was going, has been waiting と be 動詞を使う意味があるのか。また，例えば terribly nice（恐ろしくよい）のような矛盾した言葉も使います。さらに外国人は次のような表現をどのように思うでしょうか。

It boils down to this.	要約すれば次のようになる
Let the cat out of the bag.	うっかり秘密を漏らす
To drop a brick.	へまをする
To kick the bucket.	死ぬ

読み物

　歴史小説，伝承民話，他の民族の生活習慣に関する話，自然科学，伝記。詩。

第8学年 13／14歳

　この学年では，書くことに関する基本的な技能と関連した練習がまだたくさん必要です。継続的な練習とたゆまぬ指導が欠かせません。しかしながら，担当している子供が平均的な能力を持ち，適切に指導がなされていれば，明瞭で筋の通ったほぼ正確な英語が書けるようになっているはずです。子供たちの書いた作文にあるすべての間違いを指摘することができるようになります。そして子供たちはそれらを自分で直せるはずです。一般化できない個々の特別な問題に関しては，必要が生じた時に練習を課すとよいでしょう。

「声を出す」練習と「読み」は継続します。語彙は継続的に，そして意識的に増やしてゆき，新出単語の語源を学習します。様々な文構造の学習に取り組むようにも仕向けます。

　生徒の中にはエポック授業で使用する教科書に，誰の助けを借りずに取り組めるほど十分に進んだ生徒もいるかもしれません。時々，テーマに沿って議論をし，要点を口述させることもできるでしょう。

作文のテーマは生徒自身の認識能力や判断能力が及ぶ範囲で与えます。

　これまで以上に文体の学習を進めます。ディケンズ[21]，マコーレー[22]，シェイクスピア等の文体を使い，散文と詩の両面で対比を行ったり，疑似作文を行わせたりします。

　この学年か次の学年で，エポック授業を詩の学習や言語の美しさの鑑賞にあてます。

　詩に関しては，韻に関することや詩の構成について学習します。韻の個々の特質を理解させます。例えば，上昇調の韻は活動を表現し，下降調の韻は記述的で情報に富む作品により適しています。英語の詩は6歩格や強弱格が少ない傾向にあります。英国民は外向性に富んではいるが，その半面，内省的ではありません。ですから，英語は上昇調のリズムが多いのです。

　この先の学習は叙事詩，劇詩，抒情詩となります。翻訳を除いて，英文学には古典的な叙事詩が存在しないところに多少の難点があります。そこで翻訳を使わなければなりません。ミルトン[23]，バイロン[24]，テニスンなどの詩の中には，叙事詩的な特徴を持ったものがあることにはありますが，かなり上品に洗練されてしまっています。

　劇詩の最も良い例は，演劇の中に見つかります。子供たちがシェイクスピア劇を消化できるほど成長していれば，シェイクスピア作品を学習対象にすることができます。おそらく歴史を

実際の指導　99

題材にした作品，例えば『ジュリアス・シーザー』，『コリオレイナス』，英国王の一人の作品などがふさわしいでしょう。全編が無理ならば抜粋でかまいません。子供たちは演劇の発達を一般の歴史と重ね合わせ，エリザベス朝の何かを学ぶはずです。

　抒情詩は豊富にあります。

　これらの詩の中に現れている三つの要素が，実は人間を形成する三種類の本質を映し出しているという事実に目を向けるべきです。つまり叙事詩においては思考の要素，劇詩においては意思の要素，そして抒情詩においては感覚の要素が現れているのです。

読み物

　歴史小説，地理的な記述，自然科学，民族，伝記。詩。

　ここまでは第1学年から第8学年までの，クラス担任の指導の下で行われる授業の指針を述べてきました。上級学年における私の経験は限られたもので，第9学年と第10学年，そして第11学年での英語の授業経験があるだけです。ここまではすべて私の経験に基づいて書いてきましたので，授業経験のない最上級の2学年，つまり17歳と18歳の年齢に対する詳細な指

針はあえて書きません。この年齢に対する有益な情報は，エイリーン・ハッチンズの『ヴァルドルフ学校のカリキュラム』[25]に載っています。この本には，もちろんそれ以外の役に立つ情報がたくさんあることを申し添えておきます。

　いずれにしても専門教科の担当教員は上級学年の指導に責任を負うわけですから，その知識は詳しく，かつ広範囲に及ぶことでしょう。また教員の才能や好みは異なりますし，条件や環境も違います。ですから題材は無限にあると言ってもよいでしょう。

　こうした理由から，ここではいくつかの重要な示唆をするにとどめておきます。

　この段階まで教えてくると，生徒にとって必要となる学習手段はすでに教えてきた，と教師としては思いたいものです。しかしその一方で，日々の欠かさぬ練習とたくさんの復習が必要ではないかと心配になったりもします。生徒たちの翼とともに，自分の翼も広げようと望む上級学年担当の教師にとって，練習や復習はつまらないことだと思うかもしれませんが，実はたいへん重要なことなのです。例えば作文に関して言えば，内容理解のための練習や要約をしながら，あらゆる種類の作文練習を続けることが必要です。スペリング，句読点，文構造などの点における正確さをチェックし，その大切さを言い続けるようにもしなければなりません。

実際の指導　　101

第9学年 14／15歳

　声をそろえての暗唱はまだ練習すべきです。個人的には弁論術のまねごとに取り組む者も出るかもしれません。暗唱のための良い教材はギリシャ劇の中から見つかるかもしれません。とにかく子供たちがそれらに多少でも親しみをもつようにすべきです。弁論術ではシェイクスピアの劇からの台詞が最も適切です。この学年はおそらく劇を創作することになると思いますので，全員に声を出す練習をさせます。

　書くことに関しては，指導なしで行う部分があってもよいと思いますが，大事な点ではまだ指導が必要です。例えば，文構造などは意識的に復習させます。文を作る際に，主語から始めるのか，節にするのか，句にするのかといった文体の違いを生徒に理解させるようにします。

　また，ある品詞を繰り返し用いたり，言葉の言い回しによって，作文の印象がいかに変わってしまうかということを指摘する必要もあります。

　いろいろなスタイルの作文も試みるとよいでしょう。すなわ

102

ち，空想的なもの，解説的なもの，描写的なものなどです。商
用文や生活上の手紙の練習は続けるべきです。他教科と関連さ
せて，継続的に書くという作業がなされることが必要なのです。

　詩や散文における様々な文体の違いを分からせる手助けとし
て，前の学年で示したように，特有の文体を持った何人かの作
家の作品を勉強するのもよいでしょう。教師にとっては適切な
引用箇所を探し出せるかがポイントなります。

　さらに，言語の持つ美的な特質の研究という点については，
英語と外国語をそれぞれの音の特質という観点から比較してみ
ます。英国の学校で学ぶ生徒は皆，フランス語やドイツ語を学
んでいるでしょうし，中には他の外国語の知識を多少持ってい
る生徒もいるでしょうから，その比較を尋ねてもよいでしょう。
（この場合，教師が十分な知識を持っていることが前提となり
ますが。）母音と子音の関係はどのようなものか。言語は身体
のどの部分から生まれたのか。英語は海の打ち寄せる波のよう
な響きがあり，ドイツ語は形成的な響きがあり，フランス語は
軽やかに吹くそよ風に似ているということが分かるでしょう。

　この学年のもうひとつの課題は，詩の技法に関連したことに
なります。概略は以下の通りです。

　すべての生命にはリズムがあります。言語に生命が与えられ

実際の指導　　103

る時，言語はリズムを持ちます。肉体が人間精神を奏でる楽器であるように，音，韻律，リズムは思想に形体を与えるために使われるのです。

　基本的な韻律は，弱強（Iamb），弱弱強（Anapaest），強弱（Trochie），強弱弱（Dactyl），強強（Spondee），弱弱（Pyrrhic）です。これらは歩格として知られているものです。

　詩には様々な歩格があり，それぞれギリシャ語の名が付けられています。2歩格から6歩格までは次のようになります。dimeter（2歩格），trimeter（3歩格），tetrameter（4歩格），pentameter（5歩格），hexameter（6歩格）。各行の末尾が同じ音を持つと韻を踏むということになります。

　現実的には完全に規則にはまっている詩はまれです。完全に規則的ならば，詩は退屈なものになり，不自然に聞こえてしまいます。

　もうひとつの韻の形式は，第4学年で触れた頭韻です。

　いくつかの行がまとまると，様々な詩型が生まれます。次がその例です。

　　無韻詩：　　　　　　　弱強5歩格で，脚韻のない詩。

　　英雄2行連詩：　　　　押韻した弱強5歩格の対句詩型。

　　ソネット：　　　　　　様々な連続した韻を伴う，弱強5
　　　　　　　　　　　　　歩格の14行詩。

8音節の詩：　2行連句ごとに押韻する弱強4歩格の詩型。

　自由詩は決められた韻やリズムを持ちません。

　他の詩型の形式も説明するべきです。例えば，オード，哀歌，風刺詩があります。（例はあらゆる機会に見つけて，与えてやるべきです。学習は次の学年でも継続します。）

　14歳，15歳という年齢は身体の成熟と理想がぶつかり合う年齢です。これがゲーテ[26]の言う「私の心の中の二つの魂」という経験です。美術においてはその対比が黒と白のスケッチで表現されます。魂は膨張したりしぼんだり，泣いたり笑ったり，喜劇や悲劇を経験する必要があります。そしてどこかに物事を客観的に眺める視座を持たなければなりません。

　シェイクスピアは生徒たちの成長に大いに役立つ題材を与えてくれます。

　青年期に達した若者はその個性を感じてもらいたいと思っています。若者は自分自身の個性，すなわち自我を意識するようになります。そして他人の自我に思いを馳せるのも重要なことなのですが，これがシェイクスピア作品には一番よく表現されているのです。

　シェイクスピアが生きた時代は歴史的に見ると，人間が以前より強く自我を意識し，同時に外界に対してもより意識的にな

った最後の時代でした。彼の悲劇作品の登場人物は外界での出来事と直面し，それらとぶつかり合い，関係していく中で最終的に個性を表していきます。シェイクスピアは自分自身の経験を描いてはいません。そうではなくて登場人物がシェイクスピアによって言葉を与えられ，それぞれの自我を表出しているのです。もし時間と趣味があれば，『ファウスト』に見られるゲーテとの比較をしても面白いでしょう。

　ハムレットは新人類の典型です。彼は感情が邪魔をして行動を起こせませんでした。彼は「激情の奴隷」だったのです。しかし彼は理性，すなわち己の自我の意識から行動を取ろうとはしていたのでした。

第10学年 15／16歳

　決められた学習は継続されます。この第10学年のために多くのことが示されますが，次の第11学年，そしておそらく第12学年まで継続されることになります。また，英語と歴史が多少なりとも絡んできますが，これは英語と他の教科が絡んでくるのと同じです。

　上級4学年では各学年のある時期に，人間の進化と関わる芸術のひとつを取り上げて学習します。第9学年では，視覚芸術，とりわけ絵画を学習します。そして第10学年と，おそらく次の第11学年まで継続することになりますが，焦点は言語に向けられます。その後，音楽と建築を学びます。

　ギリシャ人は詩を書いた時，何か聖なる存在が自分たちを通して喋っていると感じました。つまり詩神です。今でも私たちは「霊感」とか，「霊気を吹き込む」という言葉を使いますが，それはある霊的な体験を体に取り込み，精神が輝くような体験をすることです。これが創造的な活動の源となり，それを表現

実際の指導　　107

にまで持って行くひとつの方法が詩にはあるのです。

　詩では，ある感動的な経験が言葉を使って特別な技法で表現されます。経験は身の回りの経験であったり，内的な経験であったりします。そうした経験は散文形式では表現しきれません。そこで特別に連続した音が韻，リズム，歩格を伴って作り出さなければならないのです。

　詩を作るのは言葉です。ですから言葉を選び，適切な表現にしなればなりません。

Mont Blanc is the Monarch of Mountains

モンブランは山の王

バイロン『マンフレッド』

No stir in the air, no stir in the sea

空に一点の澱みなし，海に一点の澱みなし

サウジー[27]「インチケイプ・ロック」

And the night spake, descending on the sea,

Ravening aloud for ruin of lives

そして夜が吠え，海に襲いかかり

生命の残骸をあさり歩く

スウィンバーン『トリスタンとイゾルデ』

そして想像力を発揮します。散文調の言葉も詩に移しかえる
と格調高くなります。私たち一般人は，"The eagle stands on a
rocky height"（鷲が岩の頂きに立つ）などというかもしれませ
んが，テニスンにかかるとそんな平凡な文が次のようになりま
す。

　　　He claps the crag with crooked hands,

　　　Close to the sun in lonely lands.

　　　Ringed with the azure world, he stands.

　　　鷲は無人の荒野の太陽の下

　　　鉤型の爪でごつごつ岩を掴み

　　　紺碧の空に取り囲まれて立つ

　散文で "he dives down"（彼は飛び込む）を，テニスンはこう
表現します。

　　　The wrinkled sea beneath him crawls,

　　　He watched from his mountain walls,

　　　And like a thunderbolt, he falls.

　　　眼下にしわを寄せた海が這い

　　　鷲は屏風岩から見下ろし

雷光の如く，降下する

　他の多くの例の中から，シェリー[28]の「雲雀」における詩
の効果について考えてみます。

　　　In the golden lightning

　　　Of the sunken sun,

　　　O'er which clouds are brightening,

　　　Thou dost float and run,

　　　Like an unbodied joy whose race is just begun.

　　　雲がかがやくうえを

　　　沈んだ夕陽の

　　　金いろの閃光のなかを

　　　おまえは漂い，翔けるのか

　　　生まれたばかりの　この世ならぬ歓びのように

　　　　　　　　　　　　　　　　　　　　　（上田和夫訳）

　また「西風に寄せる歌」にみられる音と情景の調和も考えて
みます。

　　　O wild west wind, thou breath of autumn's being,

　　　Thou, from whose unseen presence the leaves dead

Are driven, like ghosts from an enchanter fleeing,

Yellow, and black, and pale, and hectic red,

Pestilence stricken multitudes.

おう　烈しい西風　秋のいぶきよ

目に見えぬおまえに追い散らされる木の葉は

魔法使いからのがれる亡霊なのか

黄いろ　黒　青　深紅の

疫病やみの　無数の木の葉

（上田和夫訳）

隠喩と直喩は詩の情景要素を大いに高める修辞法です。

At once they rushed

Together, as two eagles on one prey

Come rushing down together from the clouds,

One from the east, one from the west

二羽の鷲が瞬時に

ひとつの獲物をめがけ

雲の上から一気に降下した

一羽は東から，一羽は西から

これはマシュー・アーノルド[29]『ソーラブとラスタム』か

実際の指導　　111

らの直喩です。

　詩型の比較をしてもよいでしょう。『ベオウルフ』[30] にみられる頭韻法とチョーサー [31] の抒情詩が対比できますし，ソネット形式の詩とシェイクスピアの 5 歩格の詩を比較してもよいでしょう。

　チョーサーの詩は従前の規則に従ったものでした。後に韻を踏んだ詩が現れますが，伝えたい内容が重要なので，一文の終わりが必ずしも行の終わりになる必要がありません。シェリーの「西風へ寄せる歌」がその良い例です。

　無韻詩は英語の韻律法の中で最も特徴的なものです。韻はなく，計算されたリズムもなく，決まった行間休止もありません。表現の自由が許されています。

　自由詩は現代的な詩の形式です。これまでの形式は窮屈な印象を与えます。規則的な韻や拍子があると，計算されつくしたように感じることがあります。規則的な韻がつまらなく退屈でさえあるのに対して，自由詩には活気があります。変化をさせて構いません。ただしすべての自由詩が素晴らしいものとはかぎりません。中には巧妙だけれども意味のないものがあるかもしれません。自由詩は時代を象徴するものとして位置付けることができるでしょう。

これまで音の本質として説明してきたことをこの学年で正し
く認識できるようさせます。導入段階において，言語における
音の本質と音を作るメカニズムについて話しておきましたが，
音とその形成を意識させるためのスピーチ練習をここで行いま
す。もしオイリュトミーが行えるようならば大いに役立ちます。
声をそろえての朗誦は実によい練習となります。生徒に次の詩
句からの抜粋を天井に反響するくらいの大声で言わせるように
します。

　　　「古代ローマの歌」　　　　　マコーレー
　　　「キリスト誕生のオード」　　ミルトン
　　　「西風へ寄せる歌」　　　　　シェリー

　第 10 学年での学習項目のひとつとして，英国民族の歴史と
関連させて英語の歴史を学習します。その概略は以下のような
ものです。
　英国は様々な民族の集合場所でした。英国はケルト人，ロー
マ人，アングロサクソン人，バイキング，そしてノルマン人が
混じって形成されましたが，中でもアングロサクソン人とフラ
ンス語を話すノルマン人が優勢でした。
　これと同様に英語はケルト語，ラテン語，アングロサクソン
語，スカンジナビア語，フランス語の混合から発達していきま

実際の指導　　113

した。その中でアングロサクソン語とラテン語とフランス語が最も重要な位置を占めていました。このために英語は単語が豊富になりました。英語の特徴のひとつは「知的な」単語と「意思的な」単語に分けられることですが，前者はラテン語を経由してきた単語であり，後者はアングロサクソン語から派生した単語です。

英語は比較的歴史の浅い言語です。チョーサーの作品でようやく英語として認識されるようになったくらいのものです。そしてシェイクスピアの時代に一度花開き，その後ワーズワース[32]，シェリー，キーツ[33]の時代に再び花開きました。

では英語そのものはどのように変化したのでしょうか。

ひとつは語尾変化が消滅しました。目立った文法上の形式もなくなりました。二重母音の大幅な増加により，母音が多種多様になりました。語彙が豊富になったためいろいろな意味の差が出せるようになりました。単語によってはアクセントの位置が異なったりしますが，最近では一音節の単語が多用される傾向が見られます。英語は相手と直に会話する手段となりました。英語は今や世界の実用語であり，世界の共通語になっていると言ってもよいでしょう。

第8学年で叙事詩，劇詩，抒情詩について触れましたが，この学年はその学習を実際の偉大な文学作品にまで広げてゆくの

に適しています。ギリシャの有名な叙事詩には『イーリアス』や『オデュッセイア』があります。ローマには『アエネイス』，フィンランドには『カイワラ』があります。古代インドの叙事詩には『マハーバーラタ』や『ラーマーヤナ』がありますし，ペルシャには『ザラシュストラ』の物語があります。現代的な装いを施した古代ペルシャの物語としてはマシュー・アーノルドの『ソーラブとラスタム』があります。北欧には『エッダ』，中央ヨーロッパには『ニーベルンゲンの歌』があります。フランスには有名な『ローランの歌』があり，比較的新しい叙事詩としては『アーサー王物語』やダンテ [34] の『神曲』，ミルトンの『失楽園』『復楽園』があります。

劇詩に関しては，歴史上で最も卓抜したシェイクスピアの劇を挙げておきました。バイロンの『マンフレッド』も内容を吟味するのに値する作品です。

「抒情詩（lyric）」という言葉はもともとはギリシャ語で，「竪琴の伴奏で」という意味です。ですから抒情詩は歌の性質を持ったものと言ってもよいでしょう。それは作詩者自身の思想や感情を表現したものです。

叙事詩は物語を，抒情詩は自らの体験を，そして劇詩は目の前で起きている出来事を表現しているのです。

詩や劇も含めた適切な英文学史の学習はこの学年になくては

ならないもので，次の第 11 学年まで継続します。これは普通の学習題材ですが，英文学全体の学習と組み合わせてもよいでしょう。他の教科にも言えることですが，学習する中で発達してゆく人間の姿というものをいつも忘れてはいけません。歴史を教えるということは人間の発達を教えるわけですが，芸術史を教える時も同じことが言えるのです。同じテーマが文学史にも現れます。ですから，一連の学習は「文学と人間の進化」と題されてもよいかもしれません。概略は以下の通りです。

　古代文明で語られていた話によると，かつて人間は神々と直接的につながりを持っていて，人は集団で導かれていたという。つまり個人という感覚は存在せず，その代りに家族または民族という意識があったのです。ここで教師は第 5 学年および第 6 学年で話してあげた神話を思い出させて，それに新しい視点をもたらすとよいでしょう。そうすることでそれまで単なる物語でしかなかったものが，新たな学習対象となるのです。

　古代のインド，ペルシャ，エジプトの文明はすべて神によって導かれ，神に息を吹き込まれたものです。これは物語から明らかです。その後，ギリシャ時代に変化が起こりました。独立へ向けての第一歩が始まったのです。オデュッセウス[35]はまだ神の導きに頼っていましたが，ギリシャ文明が発達する中で合理的な思考力を説くソクラテス[36]が現れます。その時こそ

116

がまさに，神の啓示を受けた指導者ではなく，人間としての個人が出現した瞬間だったのです。ギリシャ劇ではそれでも神々が権威をふるっていますが。

旧約聖書では，神によって導かれ，集団に属しているという意識から行動する人々が描かれています。それに対して新約聖書は自我の発達という新たな力が生まれたことを語っています。（「モーゼの十戒」と「山上の垂訓」を比較してみるとよい。）

非キリスト教的ヨーロッパ文学に『ニーベルンゲンの歌』がありますが，これは黄金欲，復讐，殺戮が描かれた物語です。フン族とブルゴント族という二つの主要な民族の戦いの中に集団意識の好例が見つかります。人々はまだ神の影響を受けていますが，『オデュッセイア』の登場人物とは違ったレベルで行動しています。

『ニーベルンゲンの歌』と同時代の作品に，騎士たちとその理想を描いた『アーサー王物語』があります。騎士たちの行動は自発的なものでした。彼らは神に助けと導きを与えてくれるように祈りましたが，それはギリシャ時代にどうすべきかを教示されたのとは相当な違いがあります。

西ヨーロッパではロジャー・ベーコン[37]の出現とともに，自然科学と物理学的なものの考え方への依存の時代が始まります。その後すぐに宗教改革，大航海時代，そして物理学の征服の時代がやってきます。

実際の指導　117

その時代の演劇ではもはや神が支配する場面は見られません
が，まだ個人的な特質が描かれることもありません。役者は，
貴族，商人，弁護士，詐欺師，道化役者といった登場人物とな
りました。

　シェイクスピアには個性の描写が見られます。『ロミオとジ
ュリエット』は家柄にまつわる争いを描いています。若い男女
がお互いに恋に落ちることで家同士の争いが勃発します。二人
は死ぬのですが，彼らが自分の意志を貫いて生きたことがわか
り，争いは収まるのです。

　アイスキュロス[38]の『エウメニデス』とシェイクスピアの
『マクベス』の対比はたいへん分かりやすいでしょう。前者で
は，殺人は神の命令で行われます。そして犯人のオレステース
は復讐の女神たちによって絶えずつきまとわれることになりま
す。これに対してマクベスは自ら殺人を犯します。彼は良心に
悩まされます。ギリシャ時代には外の世界での体験であったも
のが，宗教改革以降には内的体験になったのです。

　もし時間が足りない場合，たいていはそうなりますが，最低
三つの叙事詩を古典からひとつ，中世からひとつ，現代からひ
とつずつ選んで授業を構成するとよいでしょう。

　1　ホメロス[39]『オデュッセイア』

　これには神話の出来事と日常の出来事が織りなされています。

2 『ニーベルンゲンの歌』

内的および外的体験が依然として混じっていますが，人間的
要素が入ってきます。

3 テニスン『王の牧歌』

内的世界と外的世界とが完全に分けられています。

英文学について言えば，これは英語という言語があって初め
て存在するものです。英文学が実体として認識されるようになっ
ったのはようやく 1200 年になってからのことです。小説，劇，
哲学的な著作，科学論文，詩。これらはすべて発達する人間精
神の現れであり，その時代の状況を映し出したものです。チョ
ーサーの作品はより鋭い感覚認識（観察力）の時代を表してい
ます。他の詩人は異なる側面を表現しています。シェイクスピ
アは個々の人間の生き様を，ミルトンは清教徒の英国で思考の
深さを，ポウプは浅薄さを，ゴールドスミス(40)は社会的分別
を，シェリーとバイロンは自由を，ワーズワースは自然観察と
黙考を，スコット(41)はロマン主義を，テニスンは理想をそれ
ぞれ表現しています。それ以降の詩人たち——それは生徒の課
題です。

歴史の教師用の指導書(42)で説明したように，多くの事柄を
相互に関連付けながら教えることが大切です。ただしあまりに

実際の指導　119

も広い領域を扱おうとすると効果が失われてしまいます。したがって教師は最も教育的に目的が達成できるような教材を慎重に選択する必要があります。ほんの2,3のテーマを取り上げて，それを徹底的に扱うことです。歴史的観点からチョーサーは欠かせません。シェイクスピアも欠かせません。近代および現代の代表として，テニスンが三人目に挙げられるかもしれません。テニスンの記述は実に正確です。彼の詩のすべてが素晴らしい出来栄えです。彼はいろいろなタイプの詩を書きましたが，その作品にはあらゆる種類の着想が見らます。例えば，『国王牧歌』には「アーサー王の物語」，『シャロット姫』には「鏡を通してみた世界」，『日没と宵の明星』には「沈思黙考と安心立命」，『高次の汎神論』には「神との関係」が描かれています。

第11学年 16／17歳

　文法，作文，要約の仕方等においては，カリキュラムで定められた指導が依然として必要かもしれません。いずれにしても練習は欠かすことができません。

　豊富な例を使って言語と文学の芸術的観点からの理解——文章構成，比喩的表現，語呂合わせ，韻とリズムの使い方など——を深めてゆくべきです。

　第10学年の学習は継続します。歴史と文学，そしてある程度，科学と哲学を絡ませます。第8学年で読んだ『アーサー王物語』をこの学年で「解釈」するのもよいかもしれません。青年期の理想主義が生徒の心の中で湧きおこるので，生徒はここで騎士の理想の姿，神秘体験である聖杯を探し求める冒険にはこれまでとは異なる騎士の素養が必要とされることを理解するようになるでしょう。生徒はまた，進んで前の学年で聞いた物語を考え，より深く内容を知ろうとするでしょう。このような学習は生徒にとっても教師にとっても実りの多いものとなります。次の話は個人的な体験ですが，そのことをよく表していま

実際の指導　121

す。

　私が 17 歳のあるグループを教えていた時のことです。実は
このグループの子供たちは私が 1 年生から 8 年生までクラス担
任をした子供たちでした。すでに誕生，生命，死，世界の創造，
宇宙，神などの概念の全体像は扱っていました。ある朝，私は
教室に入って行き，第 1 学年で話したことのある物語を話そう
と言いました。ほとんどの生徒がこの話を覚えていました。グ
リム童話の「ホレばあさん」でした。

　すでに寓話と象徴性については議論が済んでいたので，次に
この話の底にある思想は何かを探し出す課題を与えました。す
るとしばらくして一人の女子生徒が目を輝かせながらやって来
て「輪廻転生」と答えたのでした。

　これ以上の学習としては，単語と派生語のより深い研究など，
言語の発達に関するものになるでしょう。個人研究の課題を与
えるとすれば，「書くという行為の発達」をもう一つのテーマ
としてもよいでしょう。本書の「授業をはじめる前に」で述べ
た事柄をこの学年で生徒たちと議論してもよいでしょう。

第12学年 17／18歳

　必要に応じてカリキュラムで定められた指導をまだ行う必要があります。

　他の多くの教科と同様に，第12学年での目標は復習と総まとめです。英文学の概説が終わっていなければこの学年で出来ますし，現代文学にまで話を進めることもできます。しかしながら，なかなか思い通りには目標達成はできませんので，教師は何が最も大切なのかを見極めなければなりません。

　技術的な問題は別にして，教師は世界文学の概説を試みるべきでしょう。青年期の心は急速に世界に開いてゆきますので，その欲求に応えてやらなければなりません。教師は教育において根本的に求められているものを常に心に留めておかなければなりません。それはまぎれもなく人間の成長です。ある時点から教師はもはや生徒を指導するのではなく，生徒一人ひとりが自分で真実を見つけられるように，心がときめく素材を示してあげればよいのです。

実際の指導　123

6歳児から14歳児のための推薦図書

　利用可能な文学作品はとにかく数が多いので，適切な図書の
リストを作成するのは非常に困難です。ましてや手短なリスト
を作るのは至難の業です。何が適切であるかは考え方にもより
ます。したがって以下のものは単なる参考図書と考えていた
だきたいと思います。もうひとつの問題は，本が絶版となって
入手できない場合があるということです。以下に挙げたものは，
本書の発行時に入手可能であったものです。

　ここに示したリストは，サセックス州フォレストローにある
ルドルフ・シュタイナー学校マイケル・ホール校の司書の協力
を得て作成したものです。さらに詳しいリストは1982年夏頃
に出来る予定です〔以下，本の題名，著者，出版〕
〔元は原文のまま掲載——訳者〕。

6歳

　ルドルフ・シュタイナー書店（Rudolf Steiner Bookshop, 35
Park Road, London, NW16XT）に，この年齢にふさわしい絵本

が揃えられています。

7，8，9歳

おとぎ話，伝説など

Grimms'Fairy Tales	Scharl	Routledge
Old Peter's Russian Tales	Ransome	Nelson
Red, Blue, etc. Fairy Tales	Lang	Dover
English Fairy Tales	Jacobs	Penguin
Keltic Fairy Tales	Jacobs	Penguin

動物が登場する物語

Hay for my Ox	Rudel and Wyatt	Lanthorn Press
The Little White House	Goudge	Un. of London Press
Long Ears	Lynch	Puffin
The Turf Cutter's Donkey	Lynch	Dent
The Good Master	Seredy	Knight

他の作品

The Little Grey Men	B.B.	Puffin
Pinocchio	Collodi	Various Editions
The Days of Christ's Coming	Sayers	Hamish Hamilton
Henrietta's House	Goudge	Un. of London Press

寓話（8 歳以上）

Aesop's Fables	Handford	Penguin

9 歳以上

民話，伝説など

Folk Tales	.	Oxford Un. Press
Beasts and Saints	Waddell	Constable

動物が登場する物語

同上

他の作品

The Adventure of Nils	Lagerlöf	Dent
The Princess and Curdie	MacDonald	Puffin
The Kingdom under the Sea	Joan Aiken	Puffin
Heidi	Spyr	Puffin

生活実践

　ローラ・インガルス・ワイルダー（Laura Ingalls Wilder）の作品がこの点で素晴らしい読み物となっています。

The Little House in the Big Wood etc.		Puffin

10 歳以上

神話，伝説，歴史

"Told through the Ages" series		Harrap
Bible Stories（Old Testament）	de la Mare	Faber

St. Elizabeth of Hungary	Canton	Harrap
Cuchulain	Hull	Harrap
Dragon-Slayer	Sutcliffe	Puffin
Hero Tales from the British Isles		Puffin
Twenty Scottish Tales	Swinson	Black
Saga of Asgard	Green	Puffin
Children of Odin	Colum	MacMillan (New York)
"Oxford Folk Tales and Legends" series		Oxford Un. Press
"Caravel" series		Cassell

動物の登場する物語

Animal Stories	de la Mare	Faber
The Incredible Journey	Burnford	Hodder

他の物語

Hobberdy Dick	Briggs	Puffin
The Secret Garden	Burnett	Puffin

Martin Pippin in the Daisy Field	Farjeon	Puffin
Smoky House	Goudge	Duckworth
The Railway Children, etc.	Nesbit	Puffin
Collected Stories for Children	de la Mare	Faber
Hans Andersen's Fairy Tales		Various Editions

一般知識

"Everyday Life" series		Batsford
History of Everyday Things in Britain	Quennel	Batsford

11 歳以上

神話，伝説，歴史

Myths of the World	Colum	Universal Library
The Story of Rama and Sita	Picard	Harrap

The World of the Pharaohs	Bauman	Oxford Un. Press
Tales of Ancient Egypt	Green	Penguin
Gilgamesh	Westwood	Bodley Head
Stories from the Odyssey	Havell	Harrap
Tales of the Greek Heroes	Kingsley	Various Editions

動物

The Kingdom of the Beasts	Suschitzky	Thames and Hudson
Pictorial Encyclopedia of the Animal Kingdom	Stanek	Hamlyn
The Adventures of Sajo	Grey Owl	Davies
O'wd Bob	Ollivant	Heinemann

Gerald Durrell の作品

伝記

発明家，探検家，社会改革家，など

一般知識

「10 歳以上」の項で挙げたもの

Henry the Navigator	Sanceau	Hutchinson
The Star and the Flame（Plague and Fire of London）	Weir	Faber

科学

The Chemical History of a Candle	Farady	Collier
The Elements Rage	Lane	Country Life
The Sea around Us	Carson	Staples Press
The Spangled Heavens	Edwards	Bodley Head
The Stars in Our Heavens	Lumm	Thames and Hudson
"How Things Work" series		Heron Books
Simple Working Models of Historic Machines	Burstall	Arnold

Science Model Making	Hopwood	John Murray
Source Book of Science Teaching		Unesco

他の物語と伝記

Devil in Print	Drewery	Oliver and Boyd
Elidor and other books	Garner	Puffin
The Man Who Loved the Sun（Van Gogh）	Jones	Evans
Light in the Forest	Richter	Methuen
Silver Sword	Serraillier	Puffin
Witch of Blackbird Pond	Speare	Puffin
A Traveller in Time	Uttley	Faber
The Small Woman	Burgess	Pan
A Labrador Doctor	Grenfell	Hodder
Life of Mary Kingsley	Gwynn	Penguin
Elizabeth Fry	Whitney	Harrap
King of Clowns	Grock	Methuen

6 歳児から 14 歳児のための推薦図書　133

Blind Jack of Knaresborough	Hogg	Phoenix House
The Story of Helen Keller		Hodder
Coco the Clown	Poliakoff	Dent
I am 15 and do not want to die	Arnothy	Collins
Christ Legends	Lagerlöf	Werner Laurie
Tales of Tolstoy		Everyman/ Dent
The Story of the Other Wise Man	Van Dyke	Hamish Hamilton
The Street Lamp and the Star	Borelli	World's Work
A Shetland Bus (Norwegian Resistance)	Howarth	Nelson
The Wooden Horse	Williams	Fontana
Anne of Green Gables, etc.	Montgomery	Harrap

John Buchan, Defoe, Dickens, Conan Doyle, Dumas, Kingsley, Kipling, Rider Haggard, George MacDonald, Baroness Orczy, Arthur Ransome, Stevenson, Mark Twain, H.G. Wells の作品

12 歳以上

歴史および歴史的背景を持つ作品

Sons of the Steppes	Bauman	Oxford
Caesar's Gallic War	Coolidge	Bodley Head
Moonfleet（Piracy）	Falkner	Puffin
The Namesake（Alfred）	Hodges	Puffin
The Road to Sardis	Plowman	Bodley Head
A Cage of Falcons ⎫ Medieval King of the ⎬ Times Castle ⎭	Rush	Collins
King Richard's Land	Strong	Dent

Sutcliffe，Trease，Treece の作品

伝説

Legends of Greece and Rome	Kupfer	Harrap
Legends of Charlemagne	Bullfinch	Dent

6 歳児から 14 歳児のための推薦図書　135

Heroes of the Middle Ages	Tappan	Harrap
Tales of King Arthur	Picard	Oxford
Robin Hood	Green	Puffin Head

他の物語

「11歳以上」の項で挙げた作家に加えて，Jane Austen, Brontë 姉妹，Eliot, Victor Hugo, Walter Scott の作品

The Island of the Blue Dolphins	Odell	Puffin

地理に関するもの

Avalanche	van der Loeff	Puffin
Africa Child	Laye	Fontana
On the Edge of the Primeval Forest	Schweitzer	Collins
The White Nile	Moorehead	Penguin
Red Strangers	E. Huxley	Chatto and Windus

科学

"Observer" series		Warne

| "Little Guides" series | | Hamlyn |
| "Outline" series | | Methuen |

一般知識

| "Then and There" series | | Longman |
| "Jackdaw" series | | Cape |

13 歳以上

歴史および歴史的背景を持つ作品

Lytton, Scott, Kingsley, Dickens, Thackeray の作品

The Barque of the Brothers（Henry the Navigator）	Bauman	Oxford
The Viper of Milan（Renaissance）	Bowen	Peacock
The Boy with the Erpingham Hood（Medieval England）	Clarke	Faber
The Woolpack	Harnett	Puffin
Columbus Sails	Hodges	Bodley Head

The Golden Warrior (William Ⅰ)	Muntz	Chatto and Windus

詩集（全学年）

Stars and Primroses	Green	Lane
Collected Rhymes and Verses	de la Mare	Faber
This Way Delight	Read	Faber
Child's Garden of Verse	Stevenson	Puffin
The Golden Treasury of Poetry	Untermeyer	Collins
The Book of a Thousand Poems		Evans

詩

　読み物の教材と同じように，詩はたくさんありますので，推薦リストを作成しようとすればそれだけで一冊の本が出来上ります。ここでは著者が特に使えそうだと思ったものだけを載せておきます。

Shakespeare の歌，ソネット，他

Wordsworth, Shelley, Blake, Tennyson, Masefield の詩

聖書からの抜粋

"Ode on the Morning of Christ's Nativity" の中の詩, および他の作品からの抜粋	Milton
The Pied Piper	Browning
The Wind and the Moon, etc.	George MacDonald
Balder's Death Hiawatha	Longfellow
The Destruction of Sennacherib	Byron
War Song of the Saracens	Elroy Flecker
Unstooping The Ride-by-nights Silver	Walter de la Mare
April Semerwater	William Watson
The Rune of the Four Winds, etc.	Fiona Macleod

6 歳児から 14 歳児のための推薦図書　139

Prometheus	
Thor's Journey to Giantland	Roy Wilkinson "Miscellany" より
Choruses of Elementals	
Ode to the North East Wind	Kingsley
Akehenaton's Hymn to Aton	Prof. Breasted (translator)
Dame Life Dame Death The Blacksmiths	古英語の頭韻法による詩

　これらの頭韻法の詩は簡単には手に入らないので，ここに載せておきます。

The Blacksmiths (adapted)

Swart smirched smiths smattered with smoke

Drive me to death with din of their dints.

Such noises on nights ne'er heard man never,

Such noisome cries and clattering of knocks!

The changelings clamour for coal, coal, coal,

And blow their bellows their brains to burst.

"Huf, puf", saith one. "Huf, paf", another.

They spit and sprawl and spill their spells;

They grave and they grind; they grumble together,

Hot with heaving their heavy hammers.

Of thick bull's hide are their branded aprons.

Their shanks are shod 'gainst shooting sparks.

Huge hammers they have and hard of handle.

Stark strokes strike they on the steeled stock.

Lus, bus, las, das. They rage and they roar.

Such doleful a dream is the devil's doing.

May heaven help us! May they go to hell!

For on nights rest is none near such noisy knaves.

Dame Death

She was grisly and great and grim to behold,

The foulest freak that formed was ever,

Both of hide and hue and of hair also.

She was long and lean and loathly to see.

There was no man on the mould so mighty of strength

But a look of that lady and his life passed.

Her eyes were farden as the fire that in the furnace burns.

They were hollow in her head with heavy brows.

Her cheeks were lean with lips full side

With a marvellous mouth full of long tushes,

Her leer like the lead that latest was beaten.

She bare in her right hand an unrid weapon

And bright burnished blade all bloody beronnen

And in the left hand like the leg of a grype

With talents that were touching and teenful enough

With that she burnished up her brand and brad out her gear,

And I, for fear of that freak, fell in a swound.

Dame Life

She was brighter of her blee (being)

That was the bright sun,

Her rudd redder than the rose

That on the rise hangeth.

Meekly smiling with her mouth

And merry in her looks

Ever laughing for love

As she like would.

142

And as she came by the banks

The boughs each one

They lowted to that lady

And laid forth their branches.

Blossoms and burgeons

Breathed full sweet.

Flowers flourished in the frith

When she forth stepped

And the grass that was grey

Greened belive.

参考文献

　この冊子を作成するにあたりルドルフ・シュタイナーの著作を随時参考にしました。シュタイナー教育関係の基本文献には以下のものがあります。

Human Values in Education [43]
A Modern Art of Education [44]
Study of Man [45]
Practical Course for Teachers [46]
Spiritual Ground of Education [47]
The Kingdom of Childhood [48]
Essentials of Education [49]

次に挙げる著作の中にもたいへん役に立つ情報があります。

Dorothy Harrer, *An English Manual*（the Waldorf Institute for Liberal Education, Adelphi University, Garden City, New York,

11530).

　なお，この本はマイケル・ホール校（Michael Hall, Forest Row, Sussex）でも入手可能です。

Eileen Hutchins, *The Curriculum of the First Waldorf School*.

　この本には文学案内が載っています。上記のマイケル・ホール校またはルドルフ・シュタイナー書店（Rudolf Steiner Bookshop, 35 Park Road, London NW1 6XT）で入手可能です。

訳注

(1)   John Dryden (1631-1700). 英国の詩人，劇作家，批評家。代表作に，
『アレグサンダーの饗宴』(*Alexander's Feast*,1697)，『アブサロムとアキト
フェル』(*Absalom and Achitophel*, 1681) など。

(2)   シュタイナー学校特有の授業形態で，主要科目の中からひとつの
テーマを選び，そのテーマをめぐって毎日 2 時間通しで，数週間にわた
って行われる授業。

(3)   「音」が本来持つ性質を体験するために，シュタイナーと妻マリ
ー・シュタイナーが考案した朗唱法。「言語形成法」とも呼ばれる。

(4)   eurythmy. 言葉と音調，霊的な法則と属性を動作と仕草によって
可視的に表現する身体芸術。

(5)   William Blake (1757-1827). 英国の詩人，画家。代表作に『無垢の
歌』(*The Song of Innocence*, 1789) など。

(6)   Alfred Tennyson (1809-1892). 英国の詩人。代表作に『王女』(*The
Princess*, 1847) など。

(7)   現在のロイ・ウィルキンソンの著作リストにはなく，後に出版
されることになる『言語の起源と発達』(*The Origin and Development of
Language*, Hawthorn Press, 1992) の元になった小冊子と思われる。

(8)   *Miscellany : A Collection of Original Poems and Plays and One
Translation*. 本書の著者，ロイ・ウィルキンソン による劇や詩を収め
た小冊子。本文にも紹介されたオイリュトミー用の劇「金の鍵」(The
Golden Key) の他，The Alphabet，Prometheus などの詩を収める。1996 年，
Rudolf Steiner College Press から出版されている。

(9)   William Shakespeare (1564-1616). 英国の劇作家，詩人。代表作に，

訳注　　147

四大悲劇『ハムレット』(*Hamlet*, 1600-01), 『オセロ』(*Othello*,1604-05), 『マクベス』(*Macbeth*,1605-06), 『リア王』(*King Lear*,1605-06) の他に, 『ロミオとジュリエット』(*Romeo and Juliet*,1594-95), 『ベニスの商人』(*The Merchant of Venice*,1596-97) など。また, ソネットと呼ばれる定型14行詩を154篇残している。

（10） Allan Cunningham (1784–1842). 英国の詩人。代表作に『スコットランドの歌』(*The Songs of Scotland*, 1825) など。

（11） Kenneth Grahame (1859-1932). 英国の小説家。代表作に, 児童文学『たのしい川べ』（*The Wind in the Willows*, 1908）など。

（12） E.E.Gould. おもに児童詩にすぐれた作品を残す。

（13） William Allingham (1824-1889). アイルランドの詩人。代表作に, 「妖精」(The Fairies) を収めた『詩集』(*Poems*, 1850) など。

（14） これはシュタイナーが人間を構成する要素を「鉱物体」「生命体（エーテル体)」「感情体（アストラル体)」「自我」から成り立つとしたことを意識している。

（15） 北欧神話に登場する運命をつかさどる女神。

（16） 素朴な民間伝承の物語詩。

（17） Algernon Charles Swinburne (1837-1909). 英国の詩人。代表作に『詩とバラード』（*Poems and Ballads*, 1866）など。

（18） William Penn(1644-1718). 英国のクエーカー教徒の指導者。アメリカにわたりペンシルベニア植民地を建設した。

（19） Fiona Macleod (1855-1905, 本名 William Sharp). 英国の作家, 批評家。本名で作家, 批評家として活躍する一方, 女性名 Fiona Macleod で神秘的なケルトを題材にした物語等を発表する。

（20） Alexander Pope (1688-1744). 英国の詩人, 批評家。代表作に『人間論』（*An Essay on Man*, 1733-34）など。

（21）　　Charles John Huffham Dickens (1812-1870). 英国の小説家。代表作
に『オリバー・ツイスト』(*Oliver Twist*,1837-39), 『クリスマス・キャロ
ル』(*A Christmas Carol*, 1943) など。

（22）　　Dame Rose Macaulay (1881-1958). 英国の女流作家。代表作に『谷
間の捕虜』(*The Valley Captive*, 1911) など。

（23）　　John Milton (1608-1674). 英国の詩人。代表作に『失楽園』(*The
Paradise Lost*, 1667) など。

（24）　　George Gordon Byron (1788-1824). 英国の詩人。代表作に『ドン・
ジュアン』(*Don Juan*, 1819-24) など。

（25）　　Caroline Von Heydebrand, trans. Eileen Hutchins, *The Curriculum of
the Waldorf School*（Rudolf Steiner College Press）.

（26）　　Johann Wolfgang von Goethe (1749-1832). ドイツの詩人，小説家，劇
作家，自然科学者。代表作に小説『若きウェルテルの悩み』(*Die Leiden
des jungen Werthers*, 1774), 詩劇『ファウスト』(*Faust*. 第 1 部 1808, 第 2
部 1832) など。

（27）　　Robert Southey (1774-1843). 英国の詩人，伝記作家。代表作に『ネ
ルソン伝』(*The Life of Nelson*, 1813) など。

（28）　　Percy Bysshe Shelley (1792-1822). 英国の詩人。代表作に長詩「西
風に寄せる歌」(Ode to the West Wind, 1819) など。

（29）　　Mathew Arnold (1822-1888). 英国の詩人，批評家。代表作に劇詩
『エトナ山上のエンペドクレス』(*Empedocles on Etna*, 1852), 叙事詩『ソ
ーラブとラスタム』(*Sohrab and Rustum*, 1853), 文明批評『教養と無秩
序』(*Culture and Anarchy*, 1869) など。

（30）　　*Beowulf*. 8 世紀初めに書かれた古英語の叙事詩。

（31）　　Geoffrey Chaucer (ca.1340-1400). 英国の詩人。代表作に『カンタ
ベリー物語』(*The Canterbury Tales*, 1387-1400) など。

訳注　　149

(32)　　　William Wordsworth (1770-1850). 英国の詩人。代表作に S.T.Coleridge
(1772-1834) と共同で発表した『抒情歌謡集』(*Lyrical Ballads*, 1798) など。

(33)　　　John Keats (1795-1821). 英国の詩人。代表作に寓意的物語詩『エ
ンディミオン』(*Endymion*, 1818) など。

(34)　　　Alighieri Dante (1265-1321). イタリアの詩人。代表作に叙事詩『神
曲』(*Divina Commedia*, 1307-1321) など。

(35)　　　Odysseus. ホメロスの叙事詩『オデュッセイア』の主人公として
名高いギリシア神話の英雄。

(36)　　　Socrates (ca. B.C. 470-B.C.399). ギリシアの哲学者。

(37)　　　Roger Bacon (1214-1292). 英国の哲学者，自然科学者。

(38)　　　Aeschylos (B.C. 525- B.C.456). ギリシアの悲劇詩人。

(39)　　　Homer (B.C. 9-8 C). ギリシアの詩人。『イリアス』(*Illiad*)，『オデュ
ッセイア』(*Oddyssey*) の作者と言われる。

(40)　　　Oliver Goldsmith (1728-1774). 英国の詩人，劇作家，小説家。代表
作に長編詩『旅人行』(*The traveler*, 1764)，小説『ウェークフィールドの
牧師』(*The Vicar of Wakefield*, 1766) など。

(41)　　　Walter Scott (1771-1832). 英国の詩人，小説家。代表作に詩集『マ
ーミオン』(*Marmion*, 1808)，『湖上の美人』(*The Lady of the Lake*, 1810)，小
説『ウェイヴァリィ』(*Waverley*, 1814) など。

(42)　　　Teaching *History*. Volume 1 &2. 本書の著者 , ウィルキンソンが著し
た教師用指導書（本書 p.176. 7,8 参照）。

(43)　　　Rudolf Steiner, trans.Vera Compton-Burnett, *Human Values in
Education* (Rudolf Steiner Press, 1971). シュタイナーが 1924 年 7 月 17 –
24 日に，Arnheim（オランダ）で行った講演集。原著, *Der pädagogische
Wert der Menschenerkenntnis und der Kulturwert der Pädagogik*.

(44)　　　Rudolf Steiner, trans. Jesse Darrell etc., *A Modern Art of Education*

(Rudolf Steiner Press, 1972). シュタイナーが 1923 年 8 月 5 - 17 日に, Ilkley（英国）で行った講演集。原著, *Gegenwärtiges Geistesleben und Erziehung.*

（45） Rudolf Steiner, trans. Daphne Harwood, Helen Fox, *Study of Man* (Rudolf Steiner Publishing Co., 1947). シュタイナーが初めてのシュタイナー学校設立にあたって，教師を対象に 1919 年 8 月 21 日 - 9 月 5 日, Stuttgart（ドイツ）で行ったシュタイナー教育の背後にある思想に関する講義集。原著, *Allgemeine Menschenkunde als Grundlage der Pädagogik.*

（46） Rudolf Steiner, trans. Harry Collison, *Practical Course for Teachers* (First edition, Rudolf Steiner Publishing Co.,1937). シュタイナーが初めてのシュタイナー学校設立にあたって教師を対象に，1919 年 8 月 21 日 - 9 月 5 日, Stuttgart（ドイツ）で行った教育実践に関する講義集。後に *Practical Advice to Teachers* (trans. Johanna Collis, Rudolf Steiner Press,1976) として出版されている。原著, Erziehungskunst. Methodisch-didaktisches.

（47） Rudolf Steiner, *Spiritual Ground of Education* (The Anthoroposophical Publishing Company, 1947). シュタイナーが 1922 年 8 月 16 - 25 日に, Oxford（英国）で行った講演集。原著, *Die geistig-seelischen Grundkräfte der Erziehungskunst.*

（48） Rudolf Steiner, trans. Helen Fox, *The Kingdom of Childhood* (Rudolf Steiner Press, 1964). シュタイナーによる 1924 年 8 月 12 - 20 日 Torquay（英国）での講演集。原著, *Die Kunst des Erziehens aus dem Erfassen der Menschenwesenheit.*

（49） Rudolf Steiner, trans. Harry Collison, *Essentials of Education* (Anthoroposophic Press, 1926). 1924 年 4 月 8 - 11 日, Stuttgart（ドイツ）で行われた講演集。原著, *Die Methodik des Lehrens und die Lebensbedingungen des Erziehens.*

訳注　151

解説

　本著は，Roy Wilkinson, *Teaching English*（1976）の翻訳である。

　著者ロイ・ウィルキンソンは，英国の自由ヴァルドルフ学校（通称：シュタイナー学校）での教師生活を中心に，シュタイナー教育の研究・実践に70余年取り組んだベテラン教師である。ルドルフ・シュタイナーの思想を基礎におくシュタイナー学校は12年制の学校で，そのうちの第1学年から第8学年（日本の小学校1年から中学2年に相当）の初等教育を同一教師が担任にあたる制度を持っている。ロイ・ウィルキンソンはその担任として基礎科目を教えながら，たゆまずシュタイナーの教育理念の研究と授業への適用を実践して，多くの成果を著作に著している。中でも注目すべきは自らの教師経験をふまえて書いた教科ごとの授業の手引書であろう。本書はその一連の指導書の中の一冊『英語教育』である。

　さて，わが国でシュタイナー学校が一般的に知られるようになったのは，1975年，子安美知子著『ミュンヘンの小学生』（中央公論社）が世に出てからであろう。娘のシュタイナー学

校での生活を通して，その独特な教育方法を紹介したこの一冊はちょうど大学入試を頂点とした受験体制に支配され，硬直化した日本の教育に慣らされた多くの教師や親，マスコミにこれまでにない強烈なインパクトを与えることとなった。それは日本の教育現況の中では理念が先行する夢物語に過ぎないのではないかという疑念を抱かせながらも，何か捨てきれない，心に訴えかけるものを持っていたからであろう。そしてさらに，この一冊がきっかけとなって，それまでシュタイナーの著作や講演記録そのものを地道に研究していたグループの活動にも，世間の目が集中する結果となり，シュタイナー関係の書物が相次いで出版され，一種のシュタイナー・ブームが巻き起こったと言ってもよいほどの状況になったのである。

　しかし，そうしたブーム的状況の中でシュタイナーの研究家たちは，シュタイナー学校のいわゆるちょっと風変わりな授業や制度が，その単なるものめずらしさゆえに，その裏に脈々と流れるシュタイナーの思想および教育哲学への理解なしに，安易に模倣されることを極度に警戒し，機会あるごとにシュタイナーの著作そのものを読むことを提唱している。

　では，シュタイナーの思想および教育とは一体いかなるものであろうか。そして本書に紹介されている言語教育の背後にある考え方とはいかなるものであろうか。彼の自伝，および著作や講演記録から，その背景を探ってみたい。

シュタイナーの思想と教育観

　1861年，クラリエヴェック（当時はオーストリア領，現在はクロアチア）に生まれたルドルフ・シュタイナーは，ウィーン工科大学で自然科学と哲学を学び，その中でカール・ユリウス・シュレーアーに師事してゲーテ研究の第一歩を踏み出すことになる。そして1882年からキルシュナーの「国民文学叢書」の『ゲーテの自然科学著作集』の編集を任された際，ゲーテの有機体思想と形態学に強い影響を受け，そこから自分独自の世界観と人間認識を獲得した。彼は存在界を物質界，生命界，霊界と三区分し，さらに人間を構成するものとして，1）鉱物体，2）生命体（エーテル体），3）感情体（アストラル体），4）自我とに分けた。彼はこの四つの構成体がバランスよく調和した時，真の自己認識を得て人間としての完成をすることができると説いた。こうした人間観を基礎に，彼はこれまで属していた神智学協会を脱会し，1913年に人智学協会を設立して幅広い実践を通した社会改革を志したのである。こうした一連の動きの一つが1919年のシュタイナー学校の設立，すなわち精神科学に基づく新しい教育の開始であった。彼はシュタイナー学校設立にあたり，その教師にならんとする人々に数多くの講演を行い，また多くの著作を残したが，その中で，教育実践

をしてゆくためには人間本性の解明が必要であり，そのために
は人間の魂の認識が必要だと述べた後，次のように語っている。

　　現実的な教育方法及び授業方法を支えるのはこの認識であ
　　らねばならない。なぜなら真の精神認識は柔軟で活発な理
　　念を内包する人間認識とつながるものであり，教育者はそ
　　のような人間認識を個々の子供の個性を実践の場で観察す
　　る際に生かすことができるからである。そしてそれがで
　　きる人にとってはじめて，子供の個性に従って教育し授業
　　をすべきだという要求が実際的意味を持ち得るのである。
　　（「ヴァルドルフ学校の目的設定（二）」渡辺宣江訳，『ルド
　　ルフ・シュタイナー研究』第4号，ルドルフ・シュタイナ
　　ー研究所刊，1979年，p.59.）

　これはシュタイナーが学校設立の目標を真の精神認識，すな
わち人間の魂の認識の獲得においていることを端的に示してい
る。彼はこの精神認識を通して子供を観察し，その子供の成長
過程に沿った教育を行うことが教育者としての使命であると考
えたのである。本書の「子供の成長」という一節はこの意味に
おいて，シュタイナー教育を進める上での基本であり，すべて
の教科指導を行う際の基盤となっているのである。

シュタイナーの言語観と言語教育

　それではこうした目標のもとに設立されたシュタイナー学校において，言語教育はどのように捉えられているのであろうか。シュタイナーは現代の言語状況を嘆き，その自伝『わが人生の歩み』（伊藤勉，中村康二訳，人智学出版，1983 年，p.228~229）で次のように語っている。やや長くなるが，シュタイナーの独特な言語認識に直に触れてもらうためにも，そのまま引用する。

　　〈言葉〉は二つの方向から危険にさらされている。その原因は意識魂の発達にあると考えられる。言葉は社会生活の了解作用に利用される一方，論理的，知的に認識したものを伝達するのにも役立てられる。この二つの面から〈言葉〉はその価値を失う。言葉は人間が表現しようとする〈意味〉に順応しなければならなくなる。更に，響きや音声や音声形成そのものに現実が潜んでいる事実も忘れ去られてしまう。母音の美しさと明快さ，子音の特殊性が失われてゆく。母音は魂を欠き，子音は霊を欠く。かくして言葉は，言葉の生まれた源，つまり霊性の領域から完全に脱落する。知性と認識の奴隷となり，霊を遠ざける社会生活の下僕となる。言葉は芸術の分野から離脱する。

真の霊性は本能的といえるほど〈言葉の体験〉を志向する。魂を担う母音の音響性と霊を充満させている子音の造形性にじっと耳を傾ける。言語発達の秘密も，これによって理解される。つまり，かつては言葉は神的，霊的本性が人間の魂に語りかける媒体の役割を演じていたが，現在では，同じ言葉が物理的世界の了解作用にしか役立っていないのである。

　彼は〈言葉の体験〉をするためには，まず現代人が忘れてしまった「音」の持つ本質を感じ取ることであると考え，妻マリー・シュタイナー (Marie Steiner-von Sivers, 1867 –1948) の協力を得て，スピーチ・フォーメーション（言語形成法）と呼ばれる朗誦法を生み出した。シュタイナーにとっての言語教育とは「音」を通した，滅びゆく言葉の復活であった。すなわち『ヨハネの福音書』の冒頭の「初めに言葉があった」という一節に示された，深遠な創造の神秘を内包する〈言葉〉の意味を，現代人がもう一度確認することによって，かつて人間が持っていた神性を追体験することにあったのである。本書中，「指導法 ── 概観」で「話す」について詳しく述べられているのは，シュタイナー学校における言語教育がスピーチ・フォーメーションを中心に「音」を重要視したからに他ならない。

　先に引用した言葉からもわかるように，シュタイナーの使う

用語は極めて難解であり，その認識も独特である。そのため自然科学的手法で言語にアプローチしようとする現代の言語学者たちにとっては，シュタイナーの考え方はとうてい受け入れ難いことではあろう。しかし，言語哲学者オーエン・バーフィールド（Owen Barfield, 1898-1997）のように，言葉の裏に潜む神性を認識の根底にした言語の捉え方を支持するシュタイナーの理解者もいることは付け加えておかなければならない。

　繰り返しになるが，シュタイナー学校の教育は深い精神認識を根底にし，子供の成長（鉱物体から生命体，感情体，さらに自我へと発展してゆく人間本来の成長）を十分考慮している。それは一人の人間をその本来のあるべき姿に作り上げてゆかねばならないというシュタイナー思想に基づいた一貫した流れをもって構成されている。これこそがシュタイナー教育が「教育芸術」と呼ばれるゆえんである。これは言語教育においても例外ではなく，本書でしばしば使用される「芸術的」という言葉はこうした背景から生じたものであることを理解しなくてはならない。

低学年における実際の指導

1）学齢について

　シュタイナー教育は子供の成長にともなった方法で行われる

解説　159

ことはすでに述べた。低学年における実際の授業を語る際にも，この年齢における子供がどのような状態にあるかをまず認識しなければならない。

　シュタイナーは幼年期から学齢期に移行する7歳という年齢が，誕生以来，肉体形成に関わってきた諸力が単なる模倣活動から離れ，教師の働きかけを徐々に意識的に受けとる魂の活動に変化してゆく時期であると捉えている。そして乳歯から永久歯に生え替わるこの年齢で特に発達するのは，呼吸・血液循環・消化の規則的リズムに属する組織であることから，教師はいきいきとしたイメージを求める子供の魂への理解とともに，この身体のリズム組織についての理解を持って子供を導かなければならないと述べている。すなわち子供の行動をすべて絵画的なイメージ豊かなもので満たし，さらに音楽的要素で満たすのは，この年齢における教育の原理をリズム・拍子・メロディーにおき，授業全体をリズム感に満ちたものにすべきであるということを意味している。これは「芸術的」要素を常に念頭に置いて教育を行わなければならないということである。

　授業を芸術的な要素で満たすのは，子供のリズム組織を健全なものにするばかりでなく，後年，健全なる判断を下す際の基礎にもなると考えた。シュタイナーは芸術的な要素に満ちた授業のかわりに，子供に早期の知的思考を要求することは子供の身体の早過ぎる硬化をもたらし，子供に極度の疲労を与えるだ

160

けだと考え，これを徹底的に戒めている。低学年の授業計画は
すべてこの考え方を踏まえた上で作成されているが，言語教育
においてもこの認識が根底にあることは言うまでもない。

2）「話すこと」について

　低学年の英語の授業でとりわけ重要視されているのは「声を
出す」ということである。シュタイナーが言語に関して最も関
心を持ったのは「話す」という行為である。シュタイナーは妻
マリー・シュタイナーの協力を得てスピーチ・フォーメーショ
ンと呼ばれる朗誦法を生み出したことは先に述べたが，シュタ
イナー学校の低学年における言語教育の中心はここにある。実
際の授業では教師が語った物語を子供が自ら語り直したり，詩
を朗誦したり，暗唱したりする形で行われるが，その指導法の
持つ価値を次のように位置付けている。

　　朗誦や暗唱によるすべての教育は生徒にスピーチ・フォー
　　メーションそのものへ至る道を発見させるような種類のも
　　のであるべきである。それはスピーチ・フォーメーション
　　から魂の中で反響するものへ至る道である。
　　（1922 年 7 月 7 日，ウィーンでの講演より。*Creative Speech*,
　　Rudolf Steiner Press, London, 1978, p.59. 拙訳）

解説　161

シュタイナーがこれ程にスピーチ・フォーメーションを重要視したのは，ここでも言及するが，『ヨハネの福音書』の冒頭の「はじめに言葉があった」の〈言葉〉にあくまでも執着したからである。つまり，古代ギリシャ人が言葉を発した時に全身に溢れた生命力と創造力を現代人に取り戻そうと意図したためである。シュタイナーはこの実現のためにスピーチ・フォーメーションによって個々の生徒に音そのものが心にどう感じるかを体験させたかったのである。これが低学年において詩の朗誦や暗唱が授業に多く取り入れられている理由である。

　本書で引用されている詩の中には古詩が多いが，これらは低学年の生徒に与える教材としては不適切ではないかという疑問があろう。しかし私たちも子供の頃，意味も分からずに童謡を歌ったり，なんの脈絡もない一節をただリズムの良さだけで繰り返し口ずさんでいた事実を考えれば，この種の疑問はおのずと解決するように思われる。つまり，この年齢の子供たちにとって重要なのは，あくまでも言葉が発せられる時に生じる「音」そのものであって，決してその言葉の持つ「意味」ではないからである。

3)「聞くこと」について

　実際の授業では，まず教師が物語を語り，詩を朗読するのを生徒が聞くことから始まる。「話す」ことに対する「聞く」こ

162

との関係をシュタイナーは次のように語っている。

> 人は聞くことの学習の中でのみ話すことを学ぶ。初心者に
> とってのもっともよい訓練は上手に話されたことを繰り返
> すことである。古き良き学校においては真似することのみ
> が初めに許された。繰り返しと聞くことの学習こそが話す
> ことへの唯一の正しい方法である。(*Creative Speech*, p.34.)

　ここに教師が言語を教育するにあたって，明瞭かつ正確に話
す必要性と重要性がある。低学年の子供はまだ全身が感覚器官
であり，精神的なものを内面的にも身体的にも模倣する傾向が
残っている。子供が話すことによって，将来，正しい思考力を
引き出せるようにするためには，教師はまず誠実にして真正な
る言葉を用いて子供の環境を整えなければならない。シュタイ
ナーは今日の文明に見られる神経症の原因を，大人の首尾一貫
しない思考による子供の環境の混乱にあると言って注意を喚起
している。

4)「書くこと」について

　低学年の授業の中で注目すべきことに，「書くこと」の指導
がある。ここにも子供の発達を認識した上での授業計画と指導
法が考えられている。シュタイナーはこの年齢における子供へ

解説　163

の書く指導について次のように述べている。

　　模倣活動と，権威のもとに身を置こうとする衝動が，小学
　　校低学年の子供の中で一緒に働いていることを洞察するな
　　らば，この年代の子供に対して，たとえばいかに書方授業
　　を形成しなければならないかを知ることができる。書方授
　　業を知性の上に形造るならば，模倣衝動を通して現れて来
　　る力に逆らって働きかけることになる。図形を画くことか
　　ら次第に字を書くことへ移していく方法に基づいて授業を
　　形造れば，子供の中で自ら発達しようとしているものを展
　　開させることになる。

　　　　　　　（「ヴァルドルフ学校の目的設定（二）」p.61.）

　この考え方は，第1学年における文字指導で実践されてい
る。この導入方法は，現実に絵画からアルファベットが生み出
された歴史上の事実を教室で体験させることにつながっている
ことは明らかである。しかし，文字の導入方法おいてより重要
なのは，こうした歴史的意味合いを内包したことにとどまら
ず，さらにそこからシュタイナー独自の人間認識の上に成り立
つ教育方法の「芸術性」を追求したことにある。シュタイナー
は1923年8月8日，「ヴァルドルフ学校生徒の芸術作品および
美術工芸作品の展示について」と題した講演の中で，文字の導

164

入について触れ，まず魚の輪郭を描き最後にひれを描いて，魚
（fish）という単語の頭文字（f）が絵と一致することを示した後，
次のように語っている。

　　そもそも絵文字というものは，おおよそこのようにして文
　字の形に移行してきたのであります。しかしながら，ここ
　で私は個々の文字の形態を説明するために歴史をたどって
　いるのではなく，ただ子供の想像力が活発に働くようにし
　ただけのことであります。私たちは子供の身体構造に興味
　があるものを，きっちりと歴史的に為すことが重要なので
　はなく，それを適切に為すことが重要なのであります。私
　共の所では，子供には全く関係がないけれども，文字とし
　て習得せねばならぬ不可思議な符号を習得する作業を，体
　系的に行っているのであり，私たちはそれを描画，素描に
　よって行っているのでありまして，このようにして人間の
　教育を行っているのであります。
　（『現代の教育はどうあるべきか──現代の精神生活と教
　育』佐々木正昭訳 , 人智学出版社 , 1985年, p.358.）

　すなわち，シュタイナーは絵を描く作業を介在させながら
行う文字指導によって，単に「A を書きなさい」という非芸術
的な方法ではなしえないであろう魂や精神の鼓舞，子供の内面

解説　　165

からの活発化，子供の想像力の活性化を目指しているのである。それは文字指導に限らず，あらゆる指導においても言えることであるが，芸術と教育の合体であり，トータルな人間としての完成を目指した教育方法なのである。

自我意識の目覚めと文法教育

文法教育は第4学年で本格的に導入されるが，これも子供の成長と密接に結びついている。第4学年，すなわち子供が9，10歳に達する頃，子供の中である重要な変化が起こることをシュタイナーは指摘している。彼は，1922年8月，オックスフォード大学で行われた「社会と社会生活における精神的なものの価値」と題された研究集会で，この時期の子供の心に「自分は世の中とどんな関係があるのか」という問いが生じると語った。その問いは，はっきりしない感情の形で現れ，時に特定の大人に強く依存したい欲求となったり，自分を目立たせようという形で現れるとし，「この危険な時点において，子供の中で何が起こっているかを正しく観察することを知らなければなりません。」と述べている。（『教育の根底を支える精神的心意的な諸力』新田義之訳, 人智学出版社, 1981年, p.26.）

ここで現れる変化とは，これまで外界と一体となっていた自分が外界から切り離され，「自我の意識」が子供に芽生えてく

ることを指している。この自我意識が，この時期の子供を極度に不安にさせたり，時に反抗的にさせたりする。シュタイナーはこの9歳頃を子供が精神的に動揺し，孤独感を味わうことから「9歳の危機」と呼んでいる。また，この時期がもう後戻りできない大人の世界に飛び込む時期でもあることから，ジュリアス・シーザーの言葉を借りて「ルビコン川を渡る時期」とも呼んでいる。自我意識が目覚め，それゆえに不安感や孤独感に取り巻かれているこの「9歳の危機」にいる子供を正しい方向に導くには，何らかの秩序を与えてやることが決定的に重要なこととなるが，まさにこの時期がシュタイナー学校で文法教育が本格的に導入される時期なのである。

　子供が自我の意識に目覚めるということは，言語においては単に本能的に話すのではなく，何らかの法則に従い，意識的に文を組み立てて話すことができるようになることを意味する。9，10歳時に始動した自我意識は，文法や文構造を学ぶことによってより助長される。そして子供は，それと同時にこの学習を通して，この時期に必要な内面の安定が与えられるのである。こうした観点に基づいて，シュタイナー学校では，それまで絵画的なイメージに包み込んで教えていた言語を，この段階から徐々に意識的・理性的な形で教えることに移行してゆくのである。

実際の文法指導

　第4学年で本格的に始められる文法指導は，第8学年，すなわち子供が性的な成熟を迎え，論理的な思考ができるようになる14歳頃までに，ほぼ全体の枠組みをカバーすることになるが，ここにおいてもシュタイナーの独自の人間認識を背景に指導が行われている。その一端を例文の扱い方に見ることができる。

　文法規則を学ばせるためには，通常，例文の提示が必要となるが，シュタイナー学校では文法指導を行う際に，この例文をノートに書き留めることを厳重に戒め，子供の中に文法規則だけが残るような指導を勧めている。その理由は，子供は文法規則だけを感性の中に吸収し，例文から離れてゆくことができるからであるという。もし例文をノートに書き留めるようなことがあると，子供はその例文にあまりにもとらわれてしまい，本来子供が持っている活動性が失われるとシュタイナーは考えている。記憶されるべきは文法規則そのものであり，教師の提示する例文は，あくまでも次に子供自身が作る例文の捨て石とならねばならないのである。

　文法指導の最大の目的は自我に目覚めた子供に内面の安定を与えることであることを指摘したが，その指導は決して子供の活動性を失わせるものであってはならない。本書においても，

著者ロイ・ウィルキンソンが一人の教師として，授業の活性化のために子供の興味を引き付けるものを発見しようと試みる姿が読み取れる。彼は文法用語を説明する際に，自分の持つ知識と経験を総動員し，いかに文法用語が派生したかを説明することで独自性を発揮している。こうした提示の仕方は彼自身が考え出したもので，他の教師がこれと同じ方法を用いたとしても，彼が子供たちに与えたものと同じ感動を与えることはできないであろう。シュタイナー学校の教師は単なる指導技術に長けているだけではなく，目の前の子供をよく観察し，その子供たちにその時点でふさわしい独自の指導方法を生み出せる力量がなければならないのである。

「第3・7年期」と「知的教育」

　シュタイナーは，人間が鉱物体，生命体（エーテル体），感情体（アストラル体），自我の四つの要素で構成されていると考えていることはすでに紹介したが，シュタイナーはこれらの要素の発達が人間のほぼ7年ごとの成長の周期と一致することも指摘している。つまり0歳から7歳まで（第1・7年期）は主に鉱物体が，7歳から14歳まで（第2・7年期）は主に生命体が，14歳から21歳まで（第3・7年期）は主に感情体が，そして21歳から28歳まで（第4・7年期）は主に自我が，そ

解説　169

れぞれ発達する時期であると考えた。この観点からすると，こ
れまで考察してきた低学年の授業は，生命体が正しく発達する
ように意図された教育であったと言える。

　では上級学年，つまり第3・7年期に入り，感情体が発達し
始める時期の子供の成長の特徴とはどのようなものであろうか。
シュタイナーは第3・7年期に入る男子の特徴を次のように述
べている。

　　男の子が14，5歳に達しますと，その子の内部に，外的な
　環境が騒々しい音を発するようになります。と言いますの
　は，つまり深い意味を持ったさまざまな言葉が，子供の神
　経組織の中へ無意識のうちに吸い込まれて，これが，神経
　の中で騒音を発するのであります。男の子は自分自身をど
　うすることも出来ません。彼はすでに何かあるものを自分
　の内に取り込んでしまっているのですが，それがちょうど
　14，5歳の頃になると，彼自身にとって異質なものに見え
　始めるのです。彼は自分自身に対して，不思議な感じを持
　ち，自分自身に対して懐疑的となり，批判的となります。
　　　　（『教育の根底を支える精神的心意的な諸力』p.247~248.）

そして続けて，女子については次のように述べている。

少女の場合には，事情は全く異なります。〔……〕男の子にとっては『自分自身』が謎となり，不可解なものとなるのと全く同じ意味において，女の子にとっては，ちょうど同じ時期に『外界』が謎となります。少女は超地上的なものを，自分の中に受け入れております。人間本性の総体が，少女の中に無意識のうちに形成されます。このようにして，十四，五歳の女の子は人間本性を表しておりますが，それは世の中に感嘆し，世界の中に謎を見い出し，さまざまな価値ある事柄が世の中で実現されることを希望するのであります。

(同書，p.248.)

　このように男女の変化の特徴を述べた後，シュタイナーはこの年齢の子供たちを扱う教師のあり方に触れ，次のように語っている。

14, 5歳の子供は，全く新しい存在なのであって，もはや以前と同じ子供ではないのだという事実に対しての感覚，ないしは感受性を私たちは持たなければなりません。

(同書，p.249.)

　ここでシュタイナーが，全く新しい存在であると言っているのは，第2・7年期においてまだ眠っている状態にあった感情

体が目を覚まし，人間としてまた新たな発達段階に進んできたことを意味している。つまり，肉体的に成熟期を迎える子供の中で，思考力や判断力が活動の場を求め始める時期に入ったのである。そして，こうした変化に伴って，この年齢の子供たちは世界の捉え方を，それまでの想像力を働かせたやり方から，自由かつ意識的な世界の捉え方へと変化させてゆく。男子の中で起こる「自分自身」に対する懐疑と女子の中で起こる「外界」への疑問は，感情体の発達に伴う，この世界の捉え方の変化から生ずるものであると言うことができよう。

　第3・7年期に入った子供の中で覚醒した思考力や判断力は，合理性や論理性を使わなければ達成できないような課題を要求する。そして，この年齢の子供の中で起こる疑問は，人間を含めた全世界に対しての徹底した深い洞察による解決を求める。こうした要求が子供の中から自然に現れるこの時期こそが，シュタイナー学校において，それまで未発達であった感情体を傷つけぬように行われてきた芸術的な授業を，一転して積極的に知性に訴えかける授業に移行する時期なのである。

　第9学年以降で行われる詩の技法に関する学習，言語の美的特質に関する研究，英語史などは低学年では決して行えなかったものである。こうした知性に訴えかける授業が，この第3・7年期に入るのを待って行われるのも，子供の成長に関する深い洞察に基づいているからである。

ロイ・ウィルキンソンとその作品

　ロイ・ウィルキンソンは 1911 年 8 月 13 日，イングランド北部のレスター州シェップシェッドに生まれた。地元で初等学校を卒業した後，1927 年，16 歳でスイスに留学した。このスイス留学中に，ルドルフ・シュタイナーの提唱した人智学と出会い，大きな影響を受けた。この時の出会いが，後にスイスのドルナッハにある「ゲーテアーヌム」（シュタイナーが建てた人智学協会の本部で，現在シュタイナーの研究所も兼ねる総合機関）に付設されている "Goetheanum School of Speech and Drama" に若き日のウィルキンソンを通わせることとなった。1929 年から 4 年間，演劇と朗誦法を学んだ彼は，シュタイナー夫人であり，オイリュトミーやスピーチ・フォーメーションの創始者であるマリー・シュタイナーから，卒業証書を受け取るのである。しかし，彼がシュタイナー学校の教壇に立つまでにはさらに数年を要した。

　1934 年，スイスから英国に戻った彼は，まず継続教育センターで 4 年間ほど働くが，人智学への興味は彼をシュタイナー学校の教師に就かせる前に，さまざまな方面に寄り道させた。まずはビジネスの世界に足を踏み入れたと思えば，次にはシュタイナーの人間認識に基づく医学治療を研究する施設をも

解説　　173

つ薬品製造会社で働きながら，医学治療の分野に足を踏み入れる，さらに次の数年間は農業に没頭する，といった具合であった。しかし，こうした寄り道をしながら，さまざまな分野において研究と実践をしたからこそ，結果的にその出会いから70年以上も関わり続けることになるシュタイナー教育の実践者・研究者として，十分な力量を備えた貴重な存在となることができたとも言えよう。

さて，1950年，リーズのシュタイナー学校の教師となってからの彼の活躍は目覚ましいものであった。英国のシュタイナー学校のみなならず，ドイツやスイスのシュタイナー学校でも教鞭をとったほか，地方教育委員会の活動にも参加し，さらにはこうした活躍を基盤に，1953年から60年にかけてはゲーテアーヌムを会場に毎年開催された"English Summer Conferences"に，議長兼講師として招かれ，その大役をこなす一方，1954年に行われた"Steiner Schools International Exhibition"では，講師兼通訳，そして案内役を買って出るという，まさに大車輪の活躍であった。

また，1960年と61年には世界各地のシュタイナー学校からの要請を受けて，アメリカ，ニュージーランド，オーストラリア等のシュタイナー学校に赴き，授業を行った。その後も，南米やヨーロッパのシュタイナー学校でも講義や授業を行い，生涯の教師生活の中で，講義に出向いた国は十数か国に及んでい

る。

　1976 年，教師として一線を退いた後は，ヨーロッパ各地で講演を続ける一方，イングランド南部サセックス州フォレスト・ローの閑静な森の中に，フォレスターズ・コテッジ（「森の住人の小屋」）と称するにふさわしい趣のある居を構え，その二階の書斎で教師時代から始めたシュタイナー思想や教育に関する執筆活動を精力的に展開した。90 歳を過ぎても執筆の意欲は衰えることはなく，なお多くの著作の構想を持っていたと思われるが，晩年は糖尿病と心臓病を患い，ついに 2007 年 9 月 21 日地元の病院で息を引きとった。まさにシュタイナー教育に捧げた 96 年の生涯であった。

　本書 "Teaching English" 以外に数多くの著作を残したが，主なものは以下の通りである。（彼の著作はもともと小冊子の形で個人出版し，その後出版社から出版したものが多い。出版社名のない作品の出版年はオリジナルな形で出版した年を記す。）

シュタイナー教育に関するもの

1. *Questions and Answers on Rudolf Steiner Education*, Henry Goulden (1968).

2. *Commonsense Schooling*, Henry Goulden (1975).

3. *Rudolf Steiner on Education: A Compendium*, Hawthorn Press

(1993).

4. *Spiritual Basis of Steiner Education*, Rudolf Steiner Press
(1996).

指導ガイドシリーズ

5. *The Temperaments in Education* (1973).

6. *Teaching Geography* (1973).

7. *History I: Ancient Civilization – India, Persia, Egypt, Babylon,
Greece, Rome* (1973).

8. *History II: The Middle Ages / From the Renaissance to the
Second World War* (1975).

9. *The Curriculum of the Rudolf Steiner School* (1975).

10. *Practical Activities (Farming, Gardening, Housebuilding)*
(1975).

11. *Man and Animal* (1975).

12. *Plant Study / Geology* (1975).

13. *Teaching Mathematics* (1976).

14. *Teaching English* (1976).

15. *Physical Science I* (Physics) (1977).

16. *Physical Science II* (Chemistry) (1978).

17. *Nutrition / Health / Anthropology* (1978).

18. *Miscellany* (1978).

以上は Rudolf Steiner College Press から出版されている。

人智学に関する解説書

19. *A Man and His Mission* (1980).

20. *The Changing Mind of Man* (1980).

21. *Friends across the Threshold* (1980).

22. *The Shaping of Destiny* (1980).

23. *World without End* (1980).

24. *Journey through the Spheres* (1980).

25. *The Hosts of Heaven* (1981).

26. *Man's Adversaries* (1981).

27. *The Cultivation of Thinking* (1981).

28. *Christianity* (1981).

29. *The Inner Life* (1981).

30. *Rudolf Steiner – An Introduction to his Spiritual World-View, Anthroposophy*, Temple Lodge (1988).

その他の著作

31. *Plays for Puppets*, Rudolf Steiner College Press (1957).

32. *Commentary on the Old Testament Stories*, Rudolf Steiner College Press (1984).

33. *Old Testament Stories*, Rudolf Steiner College Press (1985).

解説　177

34. *The Significance of the Norse Stories*, Rudolf Steiner College Press (1988).

35. *The Origin and Development of Language*, Hawthorn Press, London (1992).

訳者あとがき

　日本の英語教育は今日，大きな転換期を迎えている。「グローバル人材の育成」をキーワードに，これまでは中学校からだった英語教育が，ついに昨年度から小学校5，6年生に正式に導入された。そして，さらに数年後には小学校低学年から始めることも提言されている。しかし，小学校におけるこうした英語必修化にも関わらず，現行の学習指導要領には「何を，どのように教えるのか」ということに関して具体的な指導法はほとんど示されておらず，これまで英語教育とはあまり縁のなかった小学校教諭や教員免許を持たない外国人指導助手が手探りの状態で教えているのが現状である。そもそも小学生に英語教育が必要なのかという意見も交錯する中，現場では試行錯誤が続いている。

　本書には，小学校低学年からの英語教育を考える上で参考になるアイデアがたくさん紹介されている。「話す」「聞く」「読む」「書く」の四技能に加え，「文法」の導入に際してのアイデアまでが詳細に紹介されている。その点で，本書は現場で悩む

多くの教師にとっては大いに助けとなる参考書である。

　ただし，一読すればわかるとおり，本書はイギリスのシュタイナー学校における「英語教育」であり，それは当然のことながら，わが国でいえば「国語教育」にあたるものである。したがって，本書は「外国語としての英語教育」の手引書とは一線を画するものである。それゆえ，そのような期待をして本書を手に取った読者には，少し期待を裏切られたと感じる方もおられるかもしれない。しかし，そうした読者にこそ，もう一度本書を熟読していただきたい。本書は，著者が冒頭で述べているように，もともと語学教育への単なる技術的な指導書ではなく，言語を教育することとはどういうことか，人間的な成長を視野に入れた語学教育とはどういうものか，ということを根本から考えさせるものである。

　日本の英語教育の歴史を振り返った時，古くから外国語としての英語教授法は常に研究・改善され，多くの情熱溢れる英語教師たちによって創意工夫された授業がこれまで展開されてきた。また，近年の文部科学省の指導要領の改定により，中学校・高校の英語の授業は，文法・訳読重視からオーラル・コミュニケーション重視に舵は切られた。さらに企業の中には「社内公用語」を英語と定め，社員の英語力の向上を目指す企業まで現れている。しかし，先に述べた昨年度からの小学校での英語必修化がもたらす効果の評価はいずれなされるにしても，残

念ながらこれまでのところ，日本人の英語力が社会の要求するレベルにまで近づいたという声はいまだに聞こえてこない。それは，日本でこれまで行われてきた英語教育が改善されつつあるとはいえ，その枠組みを根本的に変革するに至っていないことを物語っているのではないだろうか。

　従来の英語教育に加え，本書が紹介したシュタイナー学校における独特な言語認識を根底にした語学教育に目を向けることは，今日の日本の英語教育の方向性の再考に一石を投じる可能性を秘めているかもしれない。その点において，本書が母国語としての英語教育を扱っているとはいえ，わが国の英語教育への新たな提言として読まれるならば，本書の価値は決して失われるものではないと思われる。

　本書によって，現場をあずかる教師の方々が，新たな語学教育のヒントを一つでも二つでも見つけていただければ幸いである。

　最後に，本書の刊行にあたり，水声社の鈴木宏社主，編集部の引田幸児氏には大変お世話になりました。ここに深く感謝申し上げます。

2013 年 10 月

飯野一彦

著者／訳者について——

ロイ・ウィルキンソン（Roy Wilkinson）　1911 年，英国レスターシャー州に生まれる。地元の初等学校を卒業後，1927 年，スイスに留学。1929 – 33 年，ゲーテアーヌムにて演劇と朗誦法を学ぶ。帰国後，シュタイナー学校の教師として教育実践や講演活動をする傍ら，シュタイナー思想や教育について執筆活動を展開する。2007 年，死去。主な著書に，*The Origin and Development of Language*, Hawthorn Press (1992), *Spiritual Basis of Steiner Education*, Rudolf Steiner Press (1996) などがある。

飯野一彦（いいのかずひこ）　1956 年，群馬県に生まれる。上智大学外国語学部英語学科卒業。英国ウォーリック大学大学院修士課程（英語教育学専攻）修了。文学修士。現在，国立群馬工業高等専門学校教授。主な著書・論文に，『複合メディア英語教育論』（共著，リーベル出版，1997 年），『高専実践事例集——こんな授業をやってみたい』（共著，高等専門学校授業研究会，1996 年），「シュタイナー学校の英語教育」（『英語教育』，大修館書店，1990 年），"An Overview of Motivation and Attitudes in Language Learning"（*The Language Teacher*, 1994 年）などがある。

シュタイナー学校の英語の時間奥付著者ロイ・ウィルキンソン訳者飯野一彦発行者鈴木宏発行所株式会社水声社東京都文京区小石川 2-10-1 〒 112-0002 電話 03-3818-6040 fax 03-3818-2437 郵便振替 00180-4-654100 印刷製本精興社乱丁落丁本はお取替えいたします。　　http://www.suiseisha.net/　ISBN978-4-89176-992-5 第 1 版第 1 刷⋯⋯⋯⋯⋯⋯⋯⋯⋯⋯⋯⋯⋯2013 年 11 月 15 日印刷　2013 年 11 月 25 日発行

Teaching English © Roy Wilkinson, 1976. Rudolf Steiner College Press, 1997.